新人育成の組織エスノグラフィー

辞める研修

辞めない研修

田中研之輔・山本和輝

ハーベスト社

イラスト・装丁：長浜孝広

辞める研修　辞めない研修＊目次

はじめに

1. 新人研修の現場へ

冬の寒さが残る中、とある企業の新人研修へと向かった。最先端テクノロジーを駆使するA社の新人研修は、和やかな雰囲気で行われているものばかりだと決め込んでいた。

しかし、真逆だった。新人研修の現場は、張り詰めた空気で覆われていた。この緊張感はどこから来るものなのか。ひとまず、研修に参加している新入社員の様子を観察しながら場の雰囲気を壊さないようにと心がけていた。

しばらくすると、上司の三島に商談のロールプレイングの同席を求められた。この模擬商談では、顧客役の三島と、営業役の研修生がそれぞれの役割を演じていく。顧客役と営業役の2人を他の研修生が取り囲むようにして座っている。

模擬商談が始まった。名刺を交換する。その後、着席する。商談へと話をつなげていく為に、必要なのは場を和やかにするコミュニケーションだ。営業役の研修生が、体調を壊していて久しぶりの企業訪問であるという話を始めた。

その瞬間、三島は「ストップ」と冷たく言い放ち模擬商談を止めた。

「意味がわからない。なんでそんな話したの?」

新人研修の統括責任者である三島は真剣だ。というのも、三島は、ここに集う新入社員を短期間に育て上げなければならないからだ。三島の新人研修に対する構えは、新人研修を担当する者であれば、誰しもが理解できる共通経験であるだろう。

三島が発したこの一言で、ロールプレイングは開始10秒経たずに終了した。まわりで見学している研修生も、営業役をしていた研修生も表情がこわばり、困惑気味だ。

三島が研修生に淡々と、しかし細かにフィードバックを始めた。その内容は会議室に入室する際の振る舞いから、名刺交換の所作、冒頭の話題選び、話し方の細部にまで及ぶ。これだけ見ていると、レジリエンスのない研修生の心は簡単に折れそうなものだ。

だが、研修生の気持ちは切れていない。三島のフィードバックを熱心に聴き、メモを採っている。

その場で緊張を肌で感じた。私はこの雰囲気を生み出すメカニズムを解きほぐしたいと感じるようになった。新人研修現場の緊張感は、即戦力や早期戦略化を求める企業の焦りを反映しているのではないか。

企業は新人研修を通じて、ビジネスシーンで求められる社会人としての基礎的なふるまいを徹底的に教え込まなければならない。三島の研修生への働きかけが、どのような効果をもたらし、いかなる意味を持つのか。冷徹に研修を止め、研修生の行動を厳しく正す、三島の指導はいきすぎたものではないか？　それでは、せっかく入社した社員が辞めていってしまうのではないか？

本書の狙いは、研修のやり方への早急な評価に主眼をおかない。それよりもまず、新人研修の現場のリアルを丸ごと描き出していく。

いまや転職は珍しいことではない。本人のキャリア自律が尊ばれる風潮の中で、会社を辞めること自体が否定されることはない。だからこそ、せっかく入社してきた新人たちをいかにして辞めない社員へと育成していくのか。研修担当者に課せられたハードルは上がっている。

2. 方法としての組織エスノグラフィー

本書は、新人研修の現場を観察し分析した組織エスノグラフィーである。組織エスノグラフィーとは、人類学が得意とする異なる文化を持つ異国の人々の生活を描きだす民族誌（エスノグラフィー）を、より身近な組織の分析に援用したものである。近年は、経営学や社会学の分野でも取り入れられているようになっている（金井・佐藤 2010　田中 2015）。

組織エスノグラフィーの手法を用いて、いま、新人研修の現場で何が起きているのか、現場の声に耳を傾けていく。そのため本書はこの誰にでも身近な新人研修の実態について、当事者の内部からの視点から、理想を語る外の世界から欲望を押し殺し、現場のやりとりにこだわる。

その手段として私自身も新入社員研修にトレーナーとして携わり、研修トレーナーの声かけ、研修生の反応を目に焼き付けてきた。その期間は3年に及んだ。この間に、研修トレーナーとして二百名を超える新入社員を研修してきた。

本書でとりあげるA社は、創業後事業を拡大し、現在も増収増益を続けている。従業員数も数百名規模になった。本研修には、採用活動、研修業務の取りまとめ、メンタルヘルスを担う人事部門の社員、研修の実行を担う研修部門の各指導員、研修を受ける新入社員、現場で実業務に当たっている社員などが大なり小なり何らかの形で研修に関わっている。

私はこの新人研修業務の企画、立ち上げを行った。鈴本と三島は私が、新卒として入社したときに配属された営業部門の部門長だった。その縁で、営業研修の指導担当として、今回改めて研修に参画することになった。その経験をいかして私に求められたことは、指導員と新入社員という隔たりをなくして、できるだけ新入社員に近い立場で接していくことであった。

本書で取り上げる新人研修の現場に特徴的なことは、大学や高校を卒業してから、他の職業で一定期間勤務をし、そこから転職してきた第二新卒者を多く含んでいることだ。さらに言うと、新卒も第二新卒もごちゃまぜである。

さて、企業や職場のエスノグラフィーの国内蓄積には、『丼家の経営――24時間営業の組織エスノグラフィー』(田中 2015) や、『走らないトヨタ――ネッツ南国の組織エスノグラフィー』(田中・山崎 2016) などがある。

これらの著作に着想を得ながら、本書では新人研修の現場を対象にして、そこで交わされる相互行為に焦点をあてる。

より丁寧に述べるならば、本書では、新入社員研修という企業内研修の組織的な取り組みの構造、機能、戦略、そして、研修体制における変化について内在的な考察を加える。そこで指導員の関わり方や、やりとりを軸にしながら、新入社員の考え方や振る舞いの変化を捉える。

本書を通じて考えていきたいことは、移行の困難がまさに発露する研修の現場における相互行為の世界そのものだ。想定している読者は、①新人研修の担当者、②人事責任者、③企業の組織マネジャーなどの現場の方々である。

なお、本書で記載する内容は、企業名、登場人物含めて、すべて仮名である。

第一章　思考、態度、コミュニケーションの矯正

1.　研修の朝

50名近い研修生が起立した状態で一斉に挨拶をする。「おはようございます！」

少人数で部署を構成するA社で、50人という人数が挨拶の唱和をするのは、いささか異様な光景だ。

研修生はそれぞれ手にメモとペンを持ち、直立不動だ。

「お前さ、名札は？」

統括トレーナーである三島が一人の研修生を指差して言った。研修生は慌てた様子で、カバンから名札を取り出し、胸ポケットに取り付けた。

「名札付けろって今まで何回も言ってんじゃん。なんでいつまでたってもできないんだよ？」

「すみません。」

研修生はいかにも気まずそうだ。

「全員が出来るようになるまで言いますね。名札、付けてください。出来るようになるまで言い続けます。この時間が既に無駄なんで、はやく出来るようになってね。」

名札を付ける。成人を迎えた人間に対しての指導としては滑稽だが、三島はこうした細やかな点に妥協せず、徹底して指導を入れる。

名札には当人の名前と、研修における「期」が記載されている。研修生は、名札をすることで、自分が研修生であることを自覚し、また社内では「研修生」としてのまなざしが向けられている。

本研修では、このような組織社会化のための取り組みが各所に見られる。その意図はもちろん多様な研修生を一つの集団に取りまとめることである。

新卒入社組は企業というものがわからず、職場を学校と勘違いしている者もいる。第二新卒の場合は、前職の職場規範を働き方の判断基準にしており、それを引き継いで研修に臨んでいる。

そういった雑多な集団を一つの集団にまとめ上げるために、会社の規範を内面化させなければならない。「研修生であること」の自覚を強化する必要があるのだ。今までの経歴は関係なく、年齢も関係なく、研修を受けている以上は、同じように扱うというメッセージの表れだ。

朝の日課は、新聞記事の要約プレゼンだ。その日の新聞記事をひとつピックアップし、全体の前で発表を行うということをこの研修では毎朝当番制で行っている。プロ記者が書いた記事をさらに短く要約して1分で発表しなければならない。

ここでも三島から指摘が入る。

「前よりは良くなっていたけど、まだ長いな。まだまだ声出せるでしょ。後ろの人まで聞こえてないよ。明日もう一回。」

うまくいかない場合は、翌営業日に再度やり直しが課される。

「何のために全体の前でフィードバックしているかを考えて。自分に関係ないと思って聞き流していると成長しないから。言われたことはちゃんと修正しましょう。じゃあ最後、全体通して連絡共有事項ありますか?はい、小池。」

小池が挙げていた手を下ろし続ける。

「おはようございます。本日私小池と、佐藤は社長の朝会に出席いたしますので、ご認識ください。」

気持ちの悪いくらい整った日本語だ。これは小池本来の言葉ではない。これは「三島に指摘されないテンプレート」としていつしか研修生の間で広まっていった決まり文句だ。三島自身も型として身につくのであればそれでよしと、そう言った言葉使いのテンプレートは容認している。

全体朝礼の終わりに三島が「二期生は、卒業まで残り2ヶ月切っています。後の個別朝礼で確認しますが、各自その日のタスクを確認してから研修にあたってください。本日も一日よろしくお願いします。」

新人研修には明確な目的がある。受講中に、企業人として求められる基礎作法を身につけることだ。トレーナーの立場からみると、新人研修では与えられた時間のなかで、企業人として働くことができる人材に育て上げなければならない。三島の緊張感は、トレーナーとしての使命感の現れでもある。

「よろしくお願いします！」

研修の一日が始まりを告げた。

2. ゴールの設定

「今日のゴールとスケジュール教えて」。

全体朝礼が終わるとすぐに個別朝礼を担当する三島が、研修生に告げた。5〜6名に分けたグループ毎にその日の行動予定を確認するミーティングが始まる。事前に求められた情報のみを無駄なく的確に報告することが求められる。結論から端的に報告するのが鉄則だ。報告内容が洗練されていなければ、その点が指摘される。

そうならないようにひとつひとつの言葉を慎重に選びながら報告を行う。極限まで無駄の削ぎ落とされたトレーナーとの朝礼でのやりとりは、軽快にテンポよく進みながらも、反面、その空気は緊張感に満ちている。

対照的に、報告が要点を得ないものになっている、報告の内容そのものが的確でない場合には三島から淡々と「なぜ、朝礼があることをわかっていて報告内容が纏まっていないのか。」と指導される。

6ヶ月という長期研修を進めていく上で朝礼は欠かせない。「仕事はスケジューリングこそが重要である」という考えの下でデザインされたこの新人研修では、特にそれが色濃く出ていた。

私が研修の指導教員として業務にアサインされて最初に目にしたのがこの朝礼だった。以前から三島の指導方針は知っていた。このような研修制度がなかった時期に三島の下で入職前から指導を受けていた私は、誰よりも身に染みてピリッとした緊張感と研修の効用、そしてその意図はわかっていた。

当時、私が入職をした直後から実施されていたその三島の指導が、研修の制度というカリキュラムとして体系化されたのが、この新人研修だった。

全体朝礼が終わり、研修生が席に着く。三島と軽く2〜3分の打ち合わせを済ませた後、「じゃ、今日は横で見てて」と三島に声をかけられた。そのまま折り畳み可能な3人掛けの長机を向かい合わせにつなげ、研修生と三島が囲む。

「グループ朝礼を始めます。おはようございます」。

研修生が続く、「おはようございます!」。

三島とは対照的に研修生は大きな声でハキハキと返した。挨拶の徹底は、会社員の仕事で最初に三島や鈴本が教えることだ。

「仕事がわからない、仕事に慣れてない時期は業績貢献ができない。そんな中で元気良く挨拶すらできないなら何もできない。だから今のお前にできるのは大きな声で挨拶をすることだ。」と私も教えられていた。

彼らにも同じ教育がなされている。懐かしさを感じると共に親近感を覚えた。今後、トレーナーとして教える／教わる関係として研修生とやりとりをするわけだが、それ以前に彼らは自分が数年前に通ってきた道を今歩いている弟弟子みたいなものなのだと感じた。そんなことを考えていると、「じゃあ、昨日の目標と結果教えて」。三島が切り出した。

中村：おはようございます！
三島：おはようございます。
中村：昨日の目標は、テレアポロープレの合格と、SUの合格、TSの合格でした。それに対して、結果はSUが合格、テレアポロープレとTSは未達となっています。
三島：なんで？
中村：テレアポロープレは、新しいNGワードが出てきて対応ができなかったことと、TSは堤下さんから返却がきていないためです。
三島：堤下さんが今忙しくて中々提出物が返ってこないのはわかってるよね。昨日、朝礼でその目標達成できるの？って聞いたとき、大丈夫です。って言ったよね？なんでこんなことになってんの？
中村：すみません。

三島：質問に答えて欲しいだけ。謝罪なんていらない。
中村：はい、見込みが甘かったです。
三島：そんなことはわかってんだよ。中村の見込みが当たったことってこの研修で1回でもあったっけ？
中村：……ありません。
三島：もうさ、その根拠のない自信捨てたほうがいいよ。無駄だから。
中村：……はい。
三島：で、どうすんの？
中村：……どうすればよろしいでしょうか。
三島：質問に質問で返さないでくれる？自分で考えろよ。そんなの。
中村：すみません。
三島：で？
中村：はい？
三島：はい、じゃなくて。どうすんのって？

中村：……（長い沈黙）

三島のこの詰問を受ける側としての経験は嫌というほどしてきたが、こうして第三者の立場からこの朝礼を見るのは初めてだった。場の空気は張り詰めていて、研修生は皆一様に緊張している。その中で私自身は、極めて冷静だった。

過去の自分の経験と照らし合わせながら、これから三島が言うこと、それに対しての研修生の返答、さらにそれに対する三島の切り返し。話の先が二手三手と手に取るようにわかる。

すると突然、三島が「お前ならどうする？」と話を私に振ってきた。中村が返答できそうになかったので、中村に助け舟を出す意味があったのだろう。いきなりのことで驚いたが、私の中では既に回答は見えていた。

筆者：はい、堤下さんに今日中に返却があるか確認します。その上で、返却が明日以降であるなら事情を説明して本日中に返してもらうように調整をします。

三島：うん、そうだね。中村、聞いていた？堤下さんのとこいって聞いてこいよ。今。

中村：はい。

中村は席を立って設定パートを担当しているトレーナーの堤下に、返却のスケジュールを聞きに行った。中村が戻ってきて本日中に返却されることがわかると、三島はすぐに次の質問を投げかける。

三島：でさ、次なんだけど。テレアポのロープレがなんで落ちたって？

中村：はい、新しいNGワードが……

三島：（中村の話を遮って）そんなこと言ってたら永遠に受からなくない？知らないから仕方なかったんです。って報告もらっても「それは仕方ないね」ってなんないじゃん。どうすんの？

中村：はい、同期の佐伯さんと1時間ロープレ練習を行い、合格に向けて取り組みを行います。

三島：3つあって。1つめ、なんで佐伯なの？根拠は？2つめ、なんで1時間なの？それで受かると思ってんの？1時間の根拠教えてよ。3つめ、昨日も似たような報告を聞いてるんだけどさ。同じことやったら同じ結果にしかなんなくない？昨日はダメで今日は受かる根拠教えてよ。

中村：……

三島：時間もったいないから飛ばして次いくね。次、佐伯。

この後、中村はまた黙り込んでしまった。結局朝礼が終わるまでの間、具体的な改善策を考え出すことができず、その日のテレアポロープレの受講機会が与えられなかった。これが研修生の人数分繰り返される。人数にして50名近くとの朝礼を三島は一人で毎日行っている。

この朝礼、ひいては「報連相」のトレーニングには、三島の考える会社員に必要なすべてが詰まっている。計画力、実行力、表現力、論理的思考力だ。これらをすべて及第点にもっていかなければ、前述の詰問が待っている。

朝礼の詰問は、三島が感情的になっているからではない。研修の中で最も重要視されている組織社会化を促進させるためのカリキュラムのひとつなのだ。だからこそ三島のこの詰問は、嫌味でもなければ彼本来の性格に依拠する振る舞いでもなく、極めて戦略的なパフォーマンスであることが伺える。詰問のロジックは明快だった。〈なぜそうなったのか〉この根拠を徹底的に問うていくのだ。

三島が行う朝のミーティングはまず、(1)前営業日で立てていた目標に対して、2a)達成か未達か、2b)未達ならばその原因はどういったもので、そこをいかに改善して本日の研修業務に反映させるか、(3)

本日の目標は何か、⑷そしてその達成のためにどんなタスクを設定しているか、という4点を報告することが求められる。

研修生は、このミーティングでの手順を徹底的に身につけなければならない。研修生の川村は「最初は三島さんに報告聞いてもらうのにも苦労しました。「結論から、端的に」っていう話し方が習慣になっていなくて、ほんとに5秒くらいで報告切られることがよくありました。」

川村が言うように、最初に研修生が直面する課題は「三島とのコミュニケーションを成立させること」だ。「要点のみを簡潔に」という鉄則を守れない場合、三島は話を聞こうとしない。かといって報告をせずに研修業務に取り掛かることは許されていないため、この三島とのコミュニケーションは必ずクリアしなければいけない壁となっている。

コミュニケーションがクリアできたところで、その後には、報告の論理的整合性と時間の配分の妥当性が求められる。日頃から「成果＝質×量」、「量の最大化」という指導が徹底されており、課題のクリアに向けてすべての時間が適切に行われているか重箱の隅をつつくように追求が始まる。長い時は1グループに1時間の時間がかかることもある。

三島は「折れるのを乗り越えないと変わんないからね。考え方とか行動は優しく教えて変わるもんじゃない。」と述べる。
三島がこう述べているように、このミーティングは基本的には「怒られる」ことが前提で進んでいく。研修生はこの追求を回避するために報告の内容に不備はないか「報告の用意」に多くの時間をかける。
なかには朝礼で三島からの詰問を避けるために始業時間前から朝礼の対策として「結論から話始める」練習を同期と共に行っている研修生もいる。

川村：キツかったですけど、朝のミーティングで出来るようになったことが研修中一番自分の中で変わったところですね。話し方とか考え方とか「仕事の時はこうやってやるんだ」っていうのを手探りで掴んでいく感じでした。周りの同期が怒られているのを聞いて「あ、こういうロジックもあるんだ」って勉強したりして。

朝のミーティングの追求の際は「教える」という行為はほとんど行われない。ただ三島から「で？どうするの？」と冷たく突き放されるだけである。研修において課題のクリアする目標日や研修の修了日は必達の目標であり、各研修生が「自分」で引いたスケジュールに基づいている。研修生は自分が宣言してしまった目標に対して遅れた進捗と、三島の追求の板挟みの状況で毎日、中原や金井が指摘するところの「他者との対話の中に埋め込まれた内省」を行っている。

本研修で研修の対象となっているのは、新規学卒者（新卒）と第二新卒である。第二新卒は、そのほとんどが転職をしている者であるため、ある程度の社会常識を備えているが、新卒社員は多くの場合、「会社で求められる振る舞い」を身につけていない。

始業直後にアイスクリームを食べ始めたり、スマートフォンでゲームを始める者や、デスクに菓子を広げてお茶会を始める者など様々な「逸脱行為」をする研修生は、その実、自身の行為を「逸脱」と認識していない。当然、このような「逸脱行為」はすぐさま指導の対象となるが、その「矯正」の根底にあるのが、この毎朝行われるミーティングを通じた対話である。

研修生は対話を通じて、「何が求められているのか」、「何が逸脱にあたるのか」などを多くの失敗を経ながら経験的に学んでいく。自らの気づきではなく、他者からの指摘があって初めて外部の基準を認識することができるのだ。

こうした「ミーティングによる内省」と「報告の用意」を通して、会社で求められるような話し方、振る舞い、考え方を身につけていく。三島曰く「『学生』の考え方」を忘れさせ、社会人基礎力を身につけさせるのに朝のミーティングは重要なウエイトを占めていた。

そういった意味で、この研修業務における三島とのやりとり、特に朝礼というイベントは、他者に開かれた内省というよりも、内省を強制的に促し、それを外部に引きずり出すものとして作用している。

テストへ向けたインプットの為に黙々と書類を読み漁る者、課題の成果物提出の為にPCでのプログラミングに励む者、営業研修で慣れないテレアポに悪戦苦闘する者、目標未達が確定し、終礼での三島の詰問を恐れて頭を抱える者、様々なバックボーンを持つ研修生たちが様々な課題に直面しながらも、研修の終わり、ひいてはその後のキャリア構築という同じゴールを目指して、与えられた研修に取り組んでいる。

入社から2~3ヶ月も経てば、研修生も会社にそれなりに馴染んでいく。職場見学に来たかのようなお客さん気分の新規学卒者も、まるで借りてきた猫のように大人しかった異業種からの第二新卒も環境に慣れて研修に取り組んでいく。

そういった場の緊張感や、研修に取り組む真摯な姿勢、目標を達成するために最大限励む姿勢などは、決して全ての研修生が最初から持ち合わせていたものではない。そういった自発的、内発的なものではなく、始まりは「朝礼で怒られたくない」という浅薄な、ただし切実な思いから起こったものだ。

きっかけはこのように稚拙なものかもしれないが、それを6ヶ月続けることにこの取り組みの意味がある。継続された行いは、やがて習慣となり、その振る舞いは行為者の身体に染み付いていく。「怒られたくない」からきちんとスケジュールを立てて研修に取り組むことが、いつしか「物事にあたる上でスケジュールを立てて臨むのは当然」というように思考が変化していく。

いつしか当たり前と見做されるようなった取り組みは、研修後もその者の振る舞いに定着し、自律的に業務に取り組む社員として現場で活躍する基礎となっている。研修で奨励される取り組みは、慣習的で吟味されない日常の諸傾向のレベルで作用し、トレーナーと研修生との相互行為を通じて再生産される。これが新人研修の朝の風景である。

3. 3つの独自性

企業内研修は多くの企業で行われている。基礎的な業務を体験させるものや、ビジネスマナー研修、講義、ジョブローテーションなど様々な研修が行われている。

この企業で行われている研修の独自性は次の3点にまとめることができる。

1つめは、目標達成に向けて厳しい圧力を加えていることである。朝のミーティング以外にもトレーナーとのやり取りは常に厳しい指導が入る。「いま、この時間に何をしなければならないのか」が明確に朝のミーティングで規定されており、その規定された行動(「約束したこと」と研修中には表現される)からの逸脱がみられると、「なぜ、決めたことを勝手に自分の判断でねじまげたのか」と詰問が始まる。

このような指摘は、研修生の業務時間における行動全体に渡って行われており、何度も同様の指摘が行われる場合には「なぜ改善がなされないのか」といったような、より深く強い追及に変わっていく。

研修生が三島に相談を行うことは、それ自体が緊張感を伴う。しかし、対策を練るためのアドバイスをはじめとした情報を三島から引き出すことが研修を進捗させるために不可欠であるため、事前に「何を、どのように伝えるか」考えた上で三島へコミュニケーションをとりにいく。

ミスできない。というある種時代と逆行するような環境に身を置き、研修を進めることで、研修生は、学生時の認識や、前職の文化などを現在の会社の、より厳密にはこの研修における是とされている組織文化へと置き換えていく。

事実、研修を終え現場に配属された後の上司からの研修生への評価は、コミュニケーションの取り方や、行動設定の緻密さを評価するものが目立つ。自由や、ゆとりではなく、現場で働く上で必要とされる行動様式を規律訓練という形で指導していく様はまさに「軍隊式」と形容できるものだ。その証左として、三島の役回りは、この研修が企画された時から構想上の重要な要素として決められており、その企画書の中では「鬼軍曹役」と表現をされていた。

そして、営業研修の方針として定められている〈徹底した行動管理・タスク管理・スケジューリングから量（顧客接点）の最大化をはかり成果を追求する営業スタイル（「質」×「量」＝成果の実践）の習得。〉が、この研修全体の方針として広がっており、それを徹底させるための「タガ」が鬼軍曹たる三島の役割となる。

2つめは、「報連相」の徹底だ。この研修における学習の根幹を成し、かつ研修生へ一番大きな「変化」を要求するのが、このコミュニケーション形式の徹底である。「自主性に任せた能動的な活動」は排斥され、常に何かをするには上長であるトレーナーに報告、及び相談を行い、承認を得る必要がある。

今日、礼讃される「自発的な行動」は「勝手な行動」として切り捨てられ、「自発的な報連相」が称賛される。もし、よかれと思って行った行動でもその承認のプロセスを経ない限りは認められない。事後承認などは言語道断として切って捨てられる。

これは前述の朝のミーティングでも同様であり、常に「何かしらうまくいっていない状況」についてきちんと事実ベースで報告を行い、対策を報告する。その際にアドバイスを求める場合でも、「教えてください」といった指示を仰ぐ物言いは認められず、「このような対策を採ろうと思っていますが、方向性はこれでよろしいでしょうか。」といったような相談の形式でのみ認められる。

このコミュニケーションの矯正は、即ち、思考、態度の矯正であり、この研修の特徴を最も端的に表したものといっていいだろう。この手法は、研修をデザインした三島の考えが大きく反映されており、「新入社員」＝「学生」という認識に拠ってたっている。

新卒一括採用においてよく言及されるような、「真っ白な状態」という認識ではなく、それこそ更地にする感覚でこれまでの常識や認識を捨てさせて、新たな考え方を埋め込んでいく。外部的な要因における変化を強制するという意味において三島の考え方がよく反映された部分であるといえるだろう。

研修生においては、最も指導の対象とされやすい部分でもあり、研修生の意識、記憶に深く残っているものでもある。

報連相の文脈において、着目すべきもう一つのコミュニケーションの手法として「結論から述べる」というものもある。理由からではなく、結論のみを端的に報告する。相手の話を遮らないなど、基本的にはビジネス上のコミュニケーションで是とされているものが、過剰とも言える強度で徹底される。言語の矯正を通した態度の矯正を行うこのような手続きを通じ、研修生は自己の認識を変更することを迫られる。

3つめは、研修に6ヶ月間の期限と、課題が割り振られていることだ。研修は自動車の教習所のようにステップに分けられており、研修を一つずつクリアしないと先に進めないようになっている。

この研修をすべて6ヶ月以内に終えることが目標とされているが、実際は最初から6ヶ月で終わることを想定した課題の量ではない。そこで研修生がスケジュールを組み立てる際に4ヶ月での修了を目指すようにトレーナーが仕向ける。その「卒業」の日付から逆算されて前述のスケジュール管理として日々の行動目標に落としこまれる。

ここで重要なのは、その6ヶ月や、日々の行動目標は、実質外部的に規定されているとはいえ、結果的には研修生本人に設定し、宣言させていることだ。この「本人に宣言させる」ということがミソであり、それが苛烈ともいえるコミットメントの厳格さを支える基本的な大義名分となる。

6ヶ月の期間内で、既定の研修課題を終えられなかった者に対しては、さらに2ヶ月の延長期間があり、その延長期間でも研修が修了しなかったものは、さらに3ヶ月間「出向」という形で現場に一旦仮配属をされ、業務に従事しながら業務時間外に残りの研修課題に取り組む。

それでも研修が終わらない場合は、そこで研修が打ち切りになり、受け入れ先の部署が決まるまで様々な部署を転々としながら業務を行う。これは、後の体制変更で改められ、全研修生が一律で5ヶ月で研修終了というように改められた。とはいえ、研修生が期限に追われながらスケジュールを組み立てるという取り組みに変化はない。

4. 研修の規則

朝礼を終え、研修に取り組む研修生には、その就業期間中の取り組み姿勢について、様々な規則が課せられている。会社として定められている就業規則は言わずもがな、研修ならではのものも多い。

前述の名札の着用義務もその一つだ。明文化はされていないものの、観察した限りで代表的なものとして挙げられるのは、⑴頭髪、ひげ、服装、アクセサリーなどといった身だしなみにまつわるものと、⑵談笑や、座り方などの取り組み姿勢にまつわるものがある。

身だしなみについては、研修生が基本的にスーツを着用して出社してくるので、そこまで大きな逸脱は起きない。だが、例えば男性がアンダーシャツを着ていないのを「清潔感がない」といってその場でコンビニに買いに行かせたり、ネクタイやベルトを忘れている場合も同様の措置がとられていた。

私語や雑談は原則禁止。研修課題の進め方については、「ロープレのためのロープレ」が必須になるため基本的に研修生同士が活発にやりとりをしながら研修に取組んでいる。ただし、目と鼻の先に営業部が配置されているため、これが、そのままプライベートな話題などの談笑に繋がった場合は厳しく指導が行われていた。

「お前、今なんの時間だよ。」昼休み中に自席で通話している研修生に声をかけた。「何で仕事場で堂々とプライベートの電話してるわけ。」研修生は、何で自分が怒られているのかわからない様子だった。

「いや、昼休みなので」研修生の言葉を遮って三島が続ける。「あっちでさ、現場の人が仕事してるわけじゃん。昼休みなのに。さらにさ、周り見てみろよ。他の研修生も卒業に向けて頑張ってんじゃん。昼休みなのに。で、お前は昼休みだから何なの?」指摘された研修生は言葉に詰まってしまった。

朝礼で対策の報告を別途課せられている場合の遅れなども指導の対象となる。ここでも「報連相」の徹底ぶりが観察できる。山下という研修生が、12時までにカスタマーサポート課題の対策を三島に報告するように指示されていた。12時ちょうどに山下は、三島の元に来て考えた結果、うまい案が出て来なかったことを報告した。

山下：お疲れ様です。今朝の件、報告にきました。
三島：何の件?
山下：課題の対策の件です。

三島：ああ、それで？
山下：考えても出てきませんでした。
三島：それ、今更言われてもどうしようもなくない。なんでもっと早く言わないんだよ。
山下：はい。
三島：君が今日のゴールを踏めるようにさ、こっちもいろいろ調整しなきゃいけないわけ。田川さんにロープレの時間作ってもらったりとかさ。
山下：すみません。
三島：直前に「やっぱりできませんでした」急に言われてもさ。どうして欲しいの？
山下：チャンスをいただきたいです。
三島：あげたじゃん。これがチャンスだったよね。それを台無しにするわけでしょ？あ、田川さん、すみません。お願いしてた午後一のこいつのロープレ無しでお願いします。本当すみません。
山下：……
三島：何のための報連相なんだっけ。約束した時間にきて「できませんでした」じゃ意味ないんだよ。物事うまく進めるためにやってんだからさ。できそうにないならその時点で一回相談しに来なきゃ意味なくない。

山下：すみませんでした。

このように研修の様々な場面で三島は指導を行っている。それは「職務に必要な技能」を身につけるためのものではなく、研修生を集団として統制するための三島が規定している「在るべき社会人としての振る舞い」の指導だ。

研修生の振る舞いには、三島が常に目を光らせており、三島が席を外していたとしても他のトレーナーや他部署の人間がその様子を三島に伝えるというケースも存在する。最初は三島がいるときだけおとなしかった研修生も、常に誰かしらに　見られているということを経験的に学習するにつれて、「相応しくない」とされている立ち振る舞いは減少していった。

トレーナーが自らの逸脱した振る舞いに気付いているかはわからないのだが、気付かれてしまった時のリスクを考えるとあえて逸脱行動を理由がないのだ。常に、みられていると感じているのだ。「評価をされるため」、「社会人として身につけるべき規範」といった善性に訴えるように、「なぜそうするのか」を理解させて腹落ちをさせるのではなく、三島の下では恐怖でこの規律を浸透させ強化していた。

「取り敢えず就職した」という人間が多数を占めるこの研修においては、各自の目的意識があいまいであるケースが多く、予期的社会化などは期待できない。

だからこそ多様な目的意識や価値観をつなぎ合わせていく規範が必要だった。三島の取り組みは、監視の視線を徐々に内面化させていくことによりその行動を「当たり前のこと」として習慣化させることに成功している。

5. 研修後のフィードバック

終業時間の18時半を迎えた。「一旦締めます、お疲れ様でした。」と三島が業務のおわりを研修生に告げた。だが、研修生は帰宅しようとしない。そのまま残って会社で研修に取り組む。その日は、20名ほどが残って研修に取り組んでいた。

今日のやり残しを終わらせようとする者、明日のロープレに備えて同期と練習を行う者、各自それぞれが研修を先に進めるための取り組みを行っている。帰りの身支度をしていると「すみませんちょっとよろしいですか」と3人の研修生から声をかけられた。

相談されたのは、商談のロールプレイングの実施についてだった。「今日のゴールが商談ロープレの合格で、落ちてしまったんですけど、対策してきたんでもう一回受けさせてください」と必死にお願いをしてくる。

「ちょっと」と後ろから三島に呼ばれた。「聞いての通りなんだけどさ、ロープレやってくれない。あいつら今日商談終わらせて次に取り掛からないとマジでヤバいからさ」と指示された。どうやら研修の進捗で進退が極まった研修生が三島に相談した結果での流れらしい。

「承知しました」と応えると「で、基準に達してなかったら落としてね。で、終わったら報告して」と付け加えられた。

「本日はお忙しいところお時間をいただきありがとうございます」——お決まりの文句から商談のロールプレイングが始まる。営業のトレーナー業務をやって1日に10回以上言われるフレーズだ。アイスブレイクの為の軽い会話、会社概要の紹介、相手企業の業務内容のヒアリングと商談は進んでいく。

会社概要の説明までは、ほとんどテンプレートになるのでどんな研修生もさほど苦労しない。問題はヒアリングだ。この企業の主力サービスは定型的なものではなく、相手のニーズに照らして柔軟に提案できることを強みとしている。だからこそ商談においても、相手企業の業務内容、課題についてヒアリングをすることが重要になるのだが、それ故に決まり切ったセールストークなどが存在し得ず、営業経験のある者にとってもひとつの難所となっている。

しかも、ヒアリングを行う際に、根掘り葉掘り質問攻めにすることも禁じられているために、事例の紹介なども含めながら、可能な限り会話の中で相手の業務内容を掴まなければならない。会社概要の説明までは流暢だった研修生の口調が、一気におぼつかなくなった。

「えっと、あのー御社の業務内容についてお聞きしたいんですけど……えー、現在、どのような業務に携わられているのでしょうか」。

その話はたどたどしく、語気は弱くなる。実際、現場において商談の可否を決めるのは流暢な語りや言葉選びのセンスなどではない。聞きたいことが相手に伝わるように聞くことができるか、そして聞くべきことを聞けている方がよっぽど重要である。ただし、この研修においてはその部分において妥協はしない。むしろその部分を重点的に評価していた。

それは、「研修で学んだことの半分は活かせない」という観点において、緊張して頭が真っ白になってもきちんと話を立て直せるか、話が相手に伝わらなかったときに別のアプローチができるかという力を養うために実際の商談よりもかなりハードルをあげて訓練を行っているためである。

それでも、研修を始めた当初に比べればかなり見られるようにはなったが、実際の商談では入社したばかりの社員であるとすぐに気づかれてしまうだろう。「ストップ、尋問だね。質問するときにはもうちょっと事例をうまく絡めないとダメだよ」といって商談ロープレを止めた。

そのますぐに三島の元へ行き、結果の報告を行った。「どうだった？」という質問に、ダメでしたと短く返した。「合格までどれくらいかかりそう？」と言われたので、ロープレを行った3人に対してそれぞれ講評を伝えた。

「わかった。じゃ今日はもうあがっていいよ。メールするから確認しといて」とだけ告げて、三島は研修生を呼び出す。業務時間中とはうって変わって基本的に声を荒げたり詰問したりはしない。集めた3人に対しても、「で、どうしよっか」と比較的柔らかい声で今後の対策を「研修生と一緒に」考える。三島の指導は、ここの緩急を明確につけていた。

業務終了後には「質問相談枠」という時間が毎日設けられており、ここで三島は研修の進め方や、対策の立て方についての相談など幅広い相談を受け付けていた。朝礼の時とは逆にここでは「自分で考えろ」と突き返さずに研修の取り組み方や、練習の仕方についての指導を行っている。夜の11時を過ぎた頃、三島から「今日の3人のロープレもう一回やって欲しいんだよね、明日7：00に会社ね」とメールが来た。会社の始業時間は9：00だ。明日の8：59までは「今日中」ということなのだろう。「承知しました。今日と同じように対応します。」と返信をして早めに寝ることにした。

このように「1日の終わり」である終礼が行われてからも研修は続く。いや、むしろ業務時間が終わってからが「対策の時間」としてトレーナーのリソースを自由に使えるようになる。研修の指導担当として着任する前は、研修に対して一人で集中して黙々と行う「作業、お勉強のような個人的な取り組み」だと考えていたが、実際は研修生間で様々な知識の共有や教え合いを行い、そしてトレーナーとはスケジュール調整を含めて時間を融通しあって、共に研修の修了を目指す集合的な取り組みであった。

研修を進捗させるために研修生は、持てる時間を最大限に活用しようとする。土曜日や日曜日などの会社が休みの日には、同期の家に集まって研修の対策をしていたり、強制退社の時間である20時過ぎには、カラオケボックスでロープレの対策を行っていたりする者もいた。

当然、こういった取り組みの仕方をする研修生は少数派であるが、いずれにせよ研修生は同期と公私に渡って交流を深めていく。その連帯が、辛い研修を乗り越えるために重要な紐帯となって研修という集合的な取り組みを形成していた。

こうした集合的な取り組みとしての研修の強みは、その学習効果の高さにある。限られた時間の中で、研修で求められるインプットを行うためには独学だけでは間に合わない。営業、カスタマーサポート、システム構築の３つパートからなるこの研修では、得意不得意の差が現れやすい。

その差を集団で互いに補い合ったり、ロールプレイングを横で見学したりしながら他者の経験を自分のものとして吸収し、他者に教えることで自身のインプットを見直す。インプットがしっかりと行われているかの確認は、トレーナーとのロールプレイングにおける個人的な取り組みの中で確認が行われる。そこで得たフィードバックを集団で持ち帰って対策を立てるという集団でのＰＤＣＡのサイクルを回すことによる学習効率の強化が行われていた。

第二章　研修トレーナーの統括責務

1. 研修の運用

研修成果を最大化する為にその運営責任を持ち、研修を管理しているのがトレーナーである。A社においては、もともとこのような新人社員研修制度はなかった。職場での学習におけるその役割を担っていたのは、先輩社員やマネージャーであった。

本研修においては、研修はひとつの専門の部署によって運営されている。その一人である三島はトレーナーであり、マネージャーであった。ドラッガー曰く、マネージャーの役割は二つあり、一つは、「部分」を「全体」の成果につなげることであり、その点で、マネージャーは、行動、ビジョン、指導力を通じて、各パートを統合させ生きた音楽を奏でる、オーケストラの指揮者に似ている。もう一つは「現在」と「将来」を調和させることである。

研修が機能するには、トレーナーによる研修の運用、管理が適切に行わなければならない。ここで研修トレーナーの役割をドラッガーになぞらえて、次の四つにまとめることができる。

第一に、研修組織の目的を果たすことである。第二に、研修にコミットする研修生の生計、社会的地位を確立し、それぞれの自己実現を図ることである。第三に、研修が抱えるあらゆる問題、決定、行動に関連して、常に現在と未来、短期と長期、という時間的要素を考慮することである。第四に、研修生を管理するとともに、その成長を促進させることである。

研修の各パートは、それぞれのトレーナーがその指導の裁量を握っている。基本的な業務は、課題の添削や、ロールプレイングの相手を通じた、製品知識の習熟の支援となる。一方で、本研修の本質である「社会人としての考え方」や「振る舞い」についての指導は、マネージャーでもある三島の業務となる。

三島の業務は、⑴研修全体の管理業務、⑵研修生に対する進捗管理、⑶研修生に対するキャリア形成支援、⑷営業研修の指導、⑸研修生への評価及び、配属先の決定の5つにまとめることができる。

⑴研修全体の管理業務は、月次で行われる役員会への報告業務、人手の貸し出し等の研修外業務への対応、研修に対する外部リソースの調整、配属先、及び出向する者の受け入れ先の調整などがある。

研修を運用する部署に在籍するトレーナーは三島を含めて４名いる。その中で、研修生の人員が増加していくにつれて、トレーナーのリソースが不足する時期がある。研修を実施する側の都合で研修生の研修の進捗を鈍化させるわけにはいかない。

三島は、このことを強く意識していた。とくにカスタマーサポートの研修は、実務での電話サポートを想定し、実際に内線電話を使ってロールプレイングを実施するため、研修生の受講枠が制限されがちであった。そういった場合は、三島が、他の部署のサポート担当とマネージャーに掛け合って、業務時間の一部を研修強力に割いてもらうように調整をしていた。

これは、ただリソースを確保すれば済む業務ではない、合格基準を明確に伝えて、外部トレーナーに協力を仰いだとしてもその基準にブレがないように定期的なすり合わせの場を設けること、現場に負担を強いるリソースを最小化するように、研修生の事前準備を徹底させることなど、現場から継続的に協力を仰ぎながら、研修を遅滞なく進めるための努力を要する。

配属先、および出向先の調整も重要な業務だ。研修生の能力や、パーソナリティ、志向を鑑みた上で、その力が最大限発揮されるように配属先や出向先を調整する。基本的には、社内の人員配置は期初に定められた人員配置計画に則って進められるが、最適な受け入れ先確保のために、場合によっては2ヶ月前倒しでの配属をするように現場と調整を行ったりしていた。

期間内に成果を出せなかった研修生は配属ではなく出向という形で現場に配属されるが、出向する人間は基本的にどの部署でも受け入れに難色を示される。この場合も、三島は出向する研修生自身の売り込みを当然デメリットも含めて伝える上で行ったり、または次回配属の研修生で優秀な人間を推薦するなど、バーター取引に近い社内政治を駆使しながら確保していく。

⑵本研修の肝である研修生に対する進捗管理としては、前述の通り朝礼の運用、進捗度合いに応じた各トレーナーへの優先対応指示、研修生への受講のコントロールがある。三島は研修生個別にその進捗を最速で進めるようにスケジュールを引かせる。一方で、全ての研修生が同じ課題に殺到すると課題の添削が回らなくなってしまうので、そうならないように研修受講の交通整理も行っていた。

課題の取り組み順や優先順位のつけ方は研修生がスケジュール管理をする上で三島に報告がなされる、そのタイミングで三島から、優先順位づけについて修正が加えられることによって研修の渋滞を回避する。本研修では、課題によっては受講条件が設定されており、開放条件となっている複数の課題を合格しないと取りかかれない上位課題が存在する。決められた期日に上位課題に取りかかれるように、対象となる研修生の課題を優先対応させるようにトレーナーに指示を出すのも三島の重要な業務の一つだ。こうして、研修生を個別に管理し、全体を統括して研修が遅滞なく進むように間断なく調整を進める様はドラッガーが例えた指揮者のそれと同じであるといえる。

(3)研修生に対しての指導と並行して、各自のキャリア構築の支援も行っている。常に高いプレッシャーに晒される本研修では、研修生自身のモチベーションの維持が重要になってくる。前述の通り、本研修では常に〈なぜ〉という理由づけが重要なファクターとなっており、研修生にも全ての行動や計画にそれを求めている。それはこのモチベーション管理についても同様で、「なぜ自分はいま、辛い思いをしてこの研修をしているのか」を考えるように促している。

研修のテキストの冒頭にも研修の目的について、下記のような記述がある。

本研修においては、行動の根拠の意識付けをするため、常に頭の中で「なぜ?」を意識して受講してください。「なぜ、これを行うのか?」「なぜ、営業研修をしているのか?」……。そして、「なぜ?」に対して、常に「回答」をもって受講してください。「これをやる理由は、このためだ」「営業研修をやるのは、将来こうなるためだ」……。「何かをやりきることができる」ということは、営業現場だけではなく、社会人として最低限必要な要素です。まず、本研修にて「やりきること」の第一ステップを踏んでいただければと思います。

このように本研修では、その冒頭から研修に対する取り組みの起点として個々人のキャリアについて言及をしている。研修を受ける者の現在と未来を考慮するために研修では、その最初に「Ｗｉｌｌシート」と呼ばれるシートに本人の３年後までの目標や展望を記載することになっている。この目標や展望で重要なのは、必ずしも３年後にこの会社で働き続けていることを想定していないことにある。

本人が本人の自己実現とこの研修でやっていることの繋がりを見失わないようにすることは極めて重要であり、この研修生それぞれが抱く「なぜこの研修をやっているのか」に対する答えが高いプレッシャーに晒される研修を最後までやりきるために必要な拠り所となる。

とはいえ、長い研修期間で最初に設定した目標は見失われてしまいがちで、その期間で目的や目標がすり替わってしまうことも多々有る。三島はそうしたことに対応するために、適宜個人面談や日報を通じてやりとりを行いモチベーションのメンテナンスを行っている。

(4)営業研修の指導は、テキストやレポート類の添削やロールプレイングの相手、商談への同行がある。前述のモチベーション管理の日報も併せて三島は毎日研修生との膨大なやり取りをテキスト、口頭で行っている。研修の課題はどれをとっても容易なものはなく、合格までに多くの努力を要するものだが、三島が担当する課題は、スケジュール管理、タスク管理を行う上での基本方針である「量の最大化」を体現するためにも特に難しく設定されていた。

営業系の研修指導で難しいのは、話し方や、振る舞いなど形として現れない部分の指導が、その研修の大半を占めるところにある。研修生それぞれの個体差を鑑みた上で適切な指導を行い、かつそれが周囲の研修生から不公平だと思われないように行われなければならない。プログラミングに関する研修であれば、極端に言えば動くか／動かないかで判断はできるし、他の課題に関しても明確な「成果物」があれば、間違えている箇所を明確に指摘できるが、営業系の研修ではそういった成果物が研修生の振る舞い、それも無意識化で行っている身体化された振る舞いであるため、研修生自身が知覚しにくく、また修正も難しい。数十年生きてきた中で形成されてきた、ものの見方、捉え方、考え方、話し方が指導の対象となるため、他の研修課題と比較しても取組そのものに多大な負荷が生じる。

そういった指摘点を、整理し、明確に言語化して腹落ちするように伝えることが営業系の研修では重要であった。時には商談ロープレの模様を録音、またはビデオカメラで録画して無意識的に行われる言動を対象化して修正するように努めていた。

(5)研修生への評価及び、配属先の決定は、研修の取り組みの中で決して表面化しないものの三島の重要な業務である。A社は期初にそれぞれの部門が承認された予算を元に人員配属計画を立てている。

通常、部門長からの要請や人事部の調整を元にして人員の配置が決まるのだが、本研修に関しては、研修生の研修修了後の人事権を三島が握っていた。これは、この会社ではかなり特殊な例である。このやり方は、研修部署からの発案で実現したものである。理由について、三島は、「裏側との、体制との一体感が大事だからね。研修生のことわかっているのはこっちなんだから、こっちが調整しないとうまくいかないよ。」と言っていた。

その発言の通り、前述のプランニングシートや面談を通して、研修生の能力だけでなく、パーソナリティやキャリア志向と配属先の部署の雰囲気、マネージャーとの相性を考慮した上で配属先の選定が行われていた。

ミンツバーグによれば、マネージャーの役割を次のような3カテゴリー10項目に分類している。

(1)対人関係における役割

1-a　看板：組織の代表者としてのシンボル的役割を果たす。

1-b　リーダー：前向きの雰囲気をつくり出し部下のモチベーションを高め鼓舞する。

1-c　リエゾン：外部とのコンタクトのネットワークを構築し維持する。

(2)情報に関わる役割

2－a　監視役：組織に関連があり役に立つあらゆる種類の情報を集める。

2－b　配布者：外部からの情報を内部の人間に伝達する。

2－c　スポークスパーソン：内部の情報を外部の人間に伝達する。

(3)意思決定に関する役割

3－a　企業家：変革を起こし組織を環境に適応させる。

3－b　妨害排除者：予期せぬ出来事に対処する。

3－c　資源配分者：組織の資源利用について決定する。

3－d　交渉者：従業員と話し合い他の組織と折衝する。

この分類に則って考えるのであれば、この研修チームはその役割を事業本部長である鈴本と三島が分担、共有をしていた。基本的に部門としての成果をアピールし、研修部署の権限を維持したり、外部への協力を取り付けやすくするようなスポークスパーソン、妨害排除者の役割を鈴本が、トレーナーのリソース配分や、現場の雰囲気作りなど、資源配分者や、リーダーの役割を三島が担っていた。基本的には役員である鈴本が後ろ盾となり、その元で三島が現場を取り仕切る。鈴本は基本的に現場のやり方や方法に一切指示を出していない。

2. 進捗の管理

研修の進捗を管理する上で、この研修には次のような特徴がある。第一に、研修にはカリキュラムがあり、定められた研修を合格しないと「修了」と扱われないこと。第二に、定められたカリキュラムを終えれば、その分早く研修が修了し、現場への配属がなされること。そして、第三に、その研修の対象となる新規入職者は、年間を通じて入職しており、新卒、第二新卒の区別がないという点である。

まず本研修がどのような立て付けで行われているのか。どういう考え方に基づき設計されたものなのかについて見ていきたい。

A社は基本的に3年間の中期経営計画に基づいて経営を行っている。人の採用は毎年行っているが、中期経営計画の初年度はたいてい「投資の時期」と位置付けられ、この会社としては大量の新卒、第二新卒の採用が計画されていた。会社に在籍する社員に対して、およそ1／3に当たる人数を採用すると、当然ＯＪＴでは現場がパンクしてしまい、業務も育成もままならなくなってしまう。それに加え、この会社の取り扱う自社サービスが多少なり難解であり、そうしたサービスへの理解力不足が、新入社員（キャリア採用の中途を含む）社員の戦力化の大きな阻害要因になっていた。

この研修の企画段階の事業計画書にその問題がまとめてある。

事業背景には、コンサルティング型の営業には、専門的かつ幅広い知識が不可欠である。にもかかわらず、Ａ社では新人社員（中途採用の社員を含む）の戦力化に苦戦している。

その理由は、次の３つにある。

①入社後に必要なスキルと習得できる社内プログラムが確立されておらず、配属先で属人的に研修が行われていること。

②自社サービスを用いたコンサルティング営業に至るまでの、習得スキル、経験（実績）のロードマップがないこと。

③営業としての本質的な役割・活動等を体系的に指導し、営業理解度を高める仕組みが無い。

その為、社員の成長スピード、スキル習得に大きなバラツキがみられる。なかには、コンサルティング営業で思うような成果をあげれずに、モチベーションが低下した社員も増加傾向にあった。

そこで、これらを解決し、新入社員の早期戦力化に至る土台作りと、コンサルティング営業に至るロードマップを明確化することを担い立ち上げられたのが、事業部横断的な新入社員育成部門である。そしてこの企画書の通り、A社としては初めて新人研修を行うための専門部署が立ち上がった。その中心人物が、私の最初の上長だった三島と鈴本だった。

研修のプログラムは、期間が予め定められており、3年に渡る調査期間の中で多少の変動はあったものの基本的に6ヶ月間を通して行われている。カリキュラムとしては、この企業のプロフィットセンターにおける代表的な職域である〈営業〉、〈設定〉、〈カスタマーサポート〉の3職域についてそれぞれ研修課題が設定されており、これらすべての研修課題を6ヶ月以内に修了する必要がある。

その研修課題は、さながら自動車免許の教習所のようで、研修課題がそれぞれの段階に分かれており、各段階の完了日を研修生各自で設定している。各研修生は今自分が取り組まなければならない課題のクリアに向けて学習や練習を重ねていくというのが、研修プログラムの基本構成となっている。

本研修では、指導においても、企画書の文言においても平準化が一つのキーワードになっているように思える。企画書の文言においては前述の通り、統一的な育成の制度がなく、いきなり現場配属された後に属人的な指導を行っていたことに対する問題意識から、企業体として育成のクオリティを担保するために行われていたものだと理解できよう。もう一方の研修の指導においては、入職者の背景に着目することで理解ができる。

この企業はある時期から会社全体の規模の拡大を図っており、前述のように大規模な人員の増強を行っている。参考までに、私が新卒で入社した2014年の新卒の人数は4人だった。第二新卒の採用はない。

しかし、現在は、新卒、第二新卒合わせて年間で100名以上の採用計画が立てられており、2018年度の新規学卒者の採用は40名を超えている。

採用の経路は、基本的に転職エージェントを介した採用を行っており、元々の創業者の考え方もあって、職歴や学歴にあまり拘泥していない。前職の経験や、スキルよりも、面接を担当した面接官の基準（受け答えや志望動機など）を重視して採用を決めていた。そのため大量の人材を確保しようとすると、様々な背景や、経歴を持った人材が入職してくる。

特に第二新卒にその傾向が顕著だ。法律家を目指して挫折したもの、自衛官、ビルの清掃員、カ

表1　2015年1月入社の研修生

	性	前職
A-1	男	飲食店店長
A-2	男	営業職
A-3	女	事務職、営業サポート
A-4	女	なし
A-5	男	自衛隊
A-6	女	携帯販売員
A-7	女	なし
A-8	男	ビル清掃員
A-9	男	飲食店店長
A-10	女	営業職
A-11	男	なし
A-12	男	なし
A-13	女	店舗スタッフ
A-14	女	飲食店スタッフ
A-15	男	書店スタッフ
A-16	男	営業職
A-17	男	営業職
A-18	男	総務担当者
A-19	男	飲食店スタッフ
A-20	男	営業職
A-21	男	営業職
A-22	男	なし
A-23	女	事務職
A-24	女	営業職
A-25	男	営業職
A-26	男	営業職
A-27	男	大学院中途退学
A-28	男	高校教諭（国語）
A-29	男	前職なし(国家公務員断念)
A-30	女	サービス業（カラオケ）
A-31	女	カスタマーサポート
A-32	女	保険レディー
A-33	男	板金設計士
A-34	男	車の営業
A-35	男	アパレル
A-36	女	アパレル
A-37	女	公務員（研究員）
A-38	女	PC粉砕業
A-39	男	保険営業
A-40	女	アパレル

ラオケ屋の店長、訪問販売員、大手保険会社の営業など、様々な事情でキャリアチェンジを図った結果の入職であり、基本的に「この会社に入りたい」という欲求を持つものはほとんどいない。事実、研修生にヒアリングをしていても、入社前からこの会社を知っていたということもなく、ほとんど全員が「エージェントに紹介されたから」選考を受け、「採用されたから」という理由での入社をしていた。そうした多様な人種をまず「平準化」する必要があり、彼らを「会社員」にするために徹底した規律化を行う必要があった。

外部からは、画一性があり一様に研修に

臨んでいるように見える研修生にも研修の中で進捗に大きな開きができる。だが、それは前職の経験や、最終学歴の偏差値、年齢などから傾向を導き出すことはできない。

表1にもあるようにほとんどがA社の事業領域である情報通信業とは無関係な領域で就業をしていた者たちであり、未経験のものを学んでいくという点では同じスタートラインに立っている。ただし、よく言われるような「地頭の良さ」が優れている者が必ずしも進捗の順調な社員というわけではない。若ければ吸収が早いであるとか、社会人経験をある程度積んでいれば既知の事柄が多い分研修を進捗させやすいということも本研修では見られなかった。

というのも、その進捗の度合いは研修のマネジメントをどのように受け入れるかに依るからである。この違いをもたらす進捗の管理、マネジメントについては次の章で触れていきたい。

3. 指導の形態

新人研修は、三島とその上司である鈴本の仕事に対する価値観や考え方が大きく反映されている。鈴本も三島もそのビジネスキャリアを営業職からスタートさせており、この研修で目指す人物像も営業的な観点から望ましい能力、振舞を有した人材の育成を目指していた。

鈴木が2013年に作成した事業計画書の方針箇所には、「徹底した行動管理・タスク管理。スケジューリングから量（顧客接点）の最大化をはかり成果を追求する営業スタイル（「質」×「量」＝成果の実践）の習得。」と記載されている。

このことからも本研修が単に商品知識や、ビジネスマナーといったもの以上に、「営業的なものの考え方」を習得することに力点を置いているのがわかる。この「行動管理・タスク管理。スケジューリングから量（顧客接点）の最大化をはかり成果を追求する」ことを習慣化するための具体的な取り組みを示したのが左の図になる。

本研修の根幹は、「行動管理・タスク管理・スケジューリングから量（顧客接点）の最大化をはかる」ことにある。業務を遂行する上で不可欠なのは、組織・個人それぞれのレベルで中・長期の計画を立てて、そこから逆算を行い、短期の行動計画に落とし込むというスケジュールの立て方、そしてそれを実行する（研修中では「やりきる」と表現される）力であると鈴本と三島は考えていた。

この信念は、研修に対する三島の関わり方によく表れている。この研修で目指されているのはこうした自己マネジメントを徹底できる人材を育成することになる。現在の足元の業務が、いかに目標達

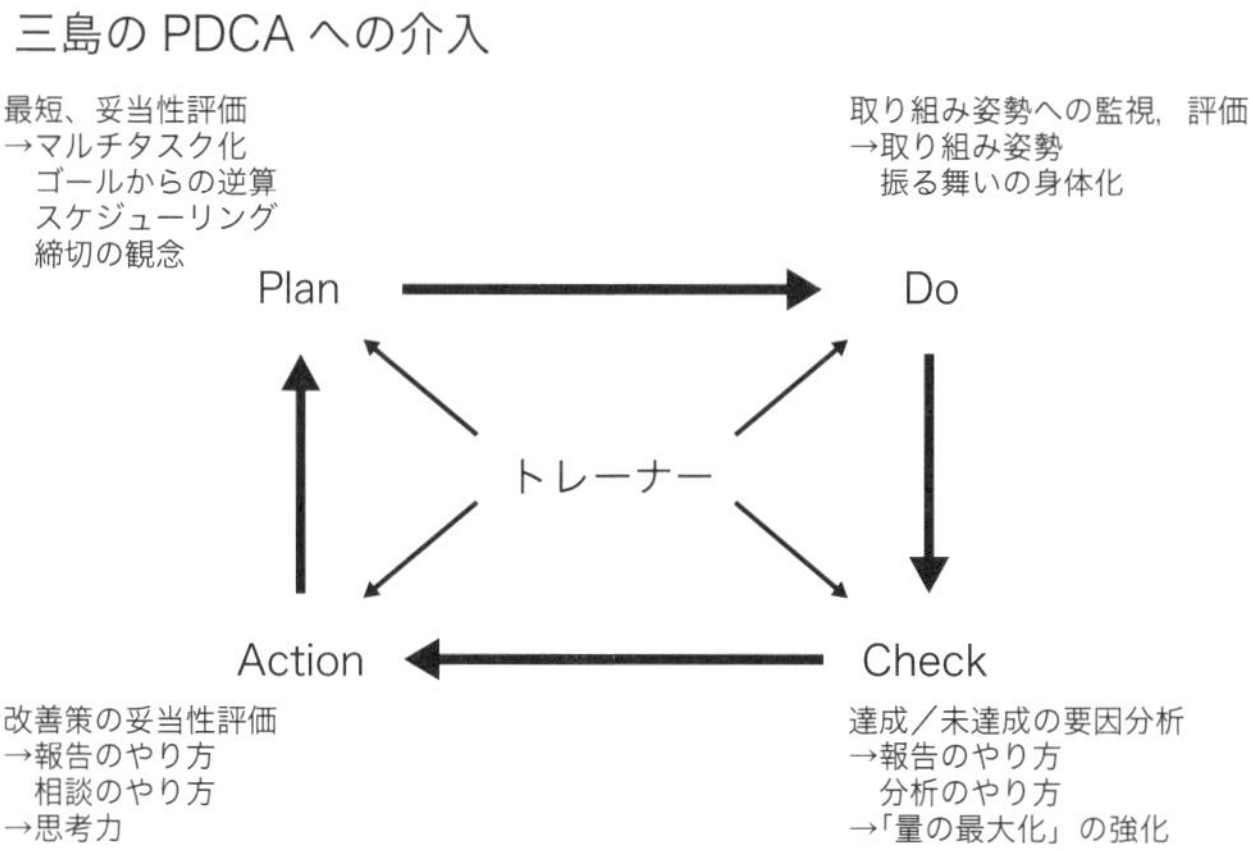

図１　研修における三島の介入

成につながっていくのか、部分と全体を行き来し、現在と将来を地続きで繋げて考え、計画を起こし、実行できる人物。それが、鈴本と三島が本研修を通じて排出したい人物像の根幹にある。

この研修を特徴付ける大きな要因として、目標達成へ向けた高い圧力がある。研修生が研修中に行う全ての行動は、スケジュールに則ったものであり、「研修の修了」という目標を達成するため、PDCAのサイクルを回せるようになることが研修の第一の目標となる。

PDCAサイクルとは、Walter Shewhart、Edwards Deming らが提唱した、事業活動における生産管理や、品質管理などの管理業務を円滑に進める手法である。Plan（計画）、Do（実行）、Check（評価）、

Ａｃｔ（改善）の４段階を繰り返すことによって、業務を継続的に改善する。元々は生産管理の手法だったが、今日ではビジネスの世界に業務改善の手法として広く普及している。研修では、このＰＤＣＡサイクルを一人で回せるようにするために、それぞれの段階で、トレーナーである三島が下記のような介入を行い適切なサイクルが回っているか確認を行う。

まず、行動計画を策定するＰｌａｎからみていく。研修においては、月単位、週単位、日単位の３つの単位でそれぞれ管理をしている。このＰｌａｎの段階での介入は、毎日の朝礼で行われる。最短での卒業を目標に、その日にやらなければいけないタスクが、⑴週の到達目標、月の到達目標から逆算がされた上で明確化しているか、⑵その目標は妥当か、⑶達成の為の行動量は最大限投下されているかの３点について評価が行われる。

ここで三島がみているのは、マルチタスク化、締め切りの観念である。入社して間もない研修生は、不慣れなＩＴ関連の研修に順応しなければならない。たいていの場合は、与えられた課題を一つ一つ丁寧にこなそうとする。しかし、実際の業務では一つ一つ順番に仕事が回ってくるわけではない。常に複数のタスクが同時に進行するものであるし、その上でさらに別の仕事が差し込まれることすらある。三島はそういった複線的思考を研修生に求める。そうしなければ様々なステークホルダーの都合でめまぐるしく優先順位が変わる業務を回せるようにならないからだ。
目標設定についても締め切りについてもしっかりと認識させること重視している。研修がうまく進捗しなかったり、一つの課題に思ったより時間がかかってしまった場合などは、その分他の予定を後ろ倒ししがちだが、ここでも取り組みの仕方を工夫することで締め切りと定めた日付はずらさずに達成をするようなプランニングが求められる。

こうしたやり取りを経て、研修生は「自分本位」な考え方を改めていく。仕事には「自分のペース」は存在せず、判断の基準となる「物差し」は自身の外部にあることを認識する。特にスケジュール管理において「現実的に」という言葉を良く使う研修生においては、ここで大きな変化を観察することができる。

スケジュールを立てていく上で、タスクが後ろ倒しになっていき、最終的に業務時間に対して、課題への取組時間がどう考えても超過してしまう場合がある。そういった場合、研修生は特に研修初期の段階で、目標達成自体の日付を後ろ倒しにして三島に報告を行う。その際によく口をついて出る言葉が、「現実的に」という言葉だ。この言葉は枕詞のようにして「現実的に達成が難しい」や、「現実的に考えて」といった形で朝礼の様々な場所で顔を出す。

この言葉が発せられる段階では、「物差し」が自分の内部にある状態である。こういう場合、決まって三島は「君のいう現実って何？」と切って捨てる。そのように困難な状況に追い込まれたのは、日々の自身の取り組みの帰結であり、降って湧いて出た状況ではないということ、仮にそういった状況に陥ったとしても、研修生の中には工夫と努力を重ねて目標を達成した者がいることを伝えて研修生自身の力で期日をずらさずに目標達成をすることを強く求める。

次に、取り組みの姿勢を評価するDoをみる。研修の現場は、調査企業のオフィスの一角に設けられている。この研修に限った話ではないが、A社のオフィスはあまりパーテーションなどでセパレートされておらず、研修生の目と鼻の先で、営業部署が業務を行っている。そこからの見え方もあり、業務に対しての取り組み姿勢は厳しく監視、評価の対象となる。研修時間中の研修生同士の談笑や、机の上に広がっているもの、椅子の座り方など細部にわたりその指導の対象となる。具体的には足を組んで椅子に座る、無駄話をしているなどが挙げられる。

取り組み姿勢に対する三島の介入は、ブルデューのいう「文化的恣意」や「象徴的暴力」そのものである。これは鈴本や三島の詰問の際に用いられる言葉の使い分けからも読み解くことができる。鈴本と三島のやり取りにおいても、三島と研修生のやりとりにおいても話の焦点は「何故」という理由の所在に当てられる。

鈴本や三島の仕事上のコミュニケーションにおいては、その理由の妥当性こそが最も重要なことであり、それを明確化させるうえでもこの二人の話の中には「何故」という問いかけが頻出する。研修生にとっては、この「何故」への切り返しが一番難しいところであり、一番の変化が見て取れる部分でもあった。

鈴本や三島にとっては、問題を解決するにしても、目標を達成するにしても、その取り組みへ向けた全ての源泉は理由付けにあると考えており、それが言葉の端々にでている。一方、鈴本や三島が良しとする取り組み姿勢、ひいては「在るべき社会人としての姿」についての言及には、理由付けに紐付くような言葉はほとんど出てこない。「何故」の代わりに「人として」「プロとして」といった観念的な言葉が頻出するようになる。この「在るべき社会人としての姿」がまさに鈴本と三島が規定している文化的恣意そのものであり、それを身に付けさせる為に「象徴的暴力」としての日々の指導や教育を通じて強化されている。

この「あるべき社会人としての姿」から逸脱する行為が認められた場合は、すぐさま三島からの指摘が入る。スケジュール管理や、タスク管理を徹底して行い、適切とされている目標設定がなされていたとして、その取り組み自体に非があっては意味をなさない。よって、研修を進捗させるために不断の努力をすることが研修では求められているし、何よりもそれが外部からわかるように取り組むことが求められていた。

この外部からの見え方は、研修を行う上で大きな意味を含んでいる。仮に周囲からは不真面目に見えても実はちゃんと研修に取り組んでいるということも本研修では許容されない。会社内で評価される上で、見え方は非常に重要であり、ただ単に研修が順調に進捗すればいいというものでもなかった。上司から適切な評価をされるため、基本的には自己責任である業務を遂行する上で周囲からの協力を得るために、「誠実、実直な業務への取り組み姿勢」を養うために研修生に三島は厳しい目を向けていた。

次に結果を測定し、評価するＣｈｅｃｋをみる。ここでは達成／未達成問わず、その要因の分析が行われる。達成ならば再現性を高め以降の生産性を向上させるため、未達成ならばその要因を潰し同じ失敗を繰り返さないようにするため、ここでは主に２つの観点からの行動の評価を行う。最も重要視されるのが行動量の最大化についてだ。

Ｐｌａｎの段階で、量の最大化をした計画が立てられるため、その履行には大きな労力を要する。

この最大化された行動量をやり切ることができるか、この確認が念入りに行われる。行動量をやり切った上で未達成だったのであれば、計画時点で「最大化された量」が不十分だったのか、やり方に問題があったのかの切り分けが行われ、行動数に達していなかったのであれば、なぜ目標（研修では宣言された目標は会社との約束と同義として扱われる）をやり切らなかったのか詰問される。何故失敗したのか、または何故成功したのかをきちんと報告できなければならない。安定して成果を出すために、同じ失敗を繰り返さないように、自らの取り組みをきちんと分析することが求められる。

最後に確認するのが、同じ失敗を繰り返さないための方策を確認するＡｃｔｉｏｎである。未達成をした場合において同じ失敗を繰り返さないため、そして、失敗してビハインドした分のスケジュールをリカバリーするための方策の確認。ここで問われるのは、対策の新規性、論理的整合性である。特に対策の新規性は日を追うごとに難しくなっていく。同じ過程を辿れば、同じ結果になるという突き返しをかわす為に、研修生は常に新しい対策を考えていかなくてはならない。ここでいかに質の向上を図るか思考を洗練させていかなければ、成果の為に行動量をさらに増やすということになり、結果、実行の段階で困難がより増すからである。繰り返し述べてきたように、本研修においては「量の最大化」がキーワードとしてよく登場する。三島は基本的に「行動量が足りているか否か」を第一の判断基準においているため、ＰＤＣＡのサイクルを回していくにつれ、行動量が飛躍的に増えていってしまう。上手くいかない分を行動量で担保しようとすると、1日の対策時間が18時間を超えるなど、それこそ「現実的ではない」計画になってしまう。このような実現不可能な計画の報告を避けるために研修生は必死で対策を講じ、結果として取り組みの質が向上していく。

このようにＰＤＣＡサイクルの全ての段階にトレーナーである三島が介入することで、否応なく研修生は改善のサイクル回し、最適化する思考を身につけていく。このような確認を全研修生に対して行うため、朝礼は午前9時に始まり、昼頃まで及ぶことが多々あった。朝礼は5〜6人のグループ単位で行われ、研修生は自分で考えたプランを他の研修生が報告するプランと照らし合わせながら学びを加速させていく。このＰＤＣＡサイクルの全行程への介入によって、研修生は社会人に必要とされる、ものの考え方と振る舞いを身につけていく。

研修においてこの方法を採用した理由について、三島は次のように述べる。

三島：「営業のやり方とかは配属先の上長によって違うからね。それにウチの会社のサービスの売り方だけ覚えてもその先がない。転職したらそれこそゼロからになる。だから、どの業種のどの会社のどのサービスの営業でもやれるようにするにはＰＤＣＡを回せるようにするしかない。
それができればあとはやりながら個別最適化できる。」

というように、営業に関して言えば、転職したあとも活用可能なスキルとしての習得が目指されていた。鈴本に言わせると営業とは、「フェアな仕事であり、才能とかセンスは関係がなく、最大限量が投入できるやつが継続的に成果を出せる」ものであり、それゆえに小手先の営業トークではなく、日々の業務を回すための基礎体力の構築に研修の力点が置かれていた。それは、過剰ともいえるプレッシャーのかけ方にも表れている。

三島：「一度折れる経験をして乗り越えないと成長しない。研修はどんなに失敗してもオレに怒られれば済む。それがお客様に迷惑かけて、そいつ自身の人事評価とかに影響することもないんだから、今のうちにいっぱい折れといた方がいい。」

事実、鈴本、三島体制下研修では、研修中に退職するものが43％にものぼるが、研修後の定着率は中途採用社員よりも圧倒的に高く、卒業生からも「研修でたくさんやられたので、現場でストレス感じることはないです。現場の方が気が楽です。」といった声も聞かれた。

そういった環境下において、研修生は研修課題を最大限進捗させる為に様々な取り組みを行っていく。次の章で、研修生の日々の取り組みについて仔細にみていこう。

4. 業務量をこなす

A社の勤務開始時間は9：00であるにもかかわらず、研修生の半分は8：00前には出社し、各々に取り組みを始める。始業時間前に行われる取り組みは、主に「朝礼の為の対策」である。この研修では、求められる「量の最大化」の基準が非常に高い。求められるのは常に、研修を進捗させるのに「必要最低限、または充分な量」の投入ではなく、「最大化された量」の投入である。トレーナーから研修生への指導は常にこの観点に則って行われていた。いかなる業種においても定量的に成果が出せるようにするために一番注力をしていたのが、この「量の最大化」の習慣化であり、その最たる例が朝礼での行動報告である。

朝礼では、4~5名のグループ毎に行われ、一人ずつ順番にその日の活動計画を報告していく。その際には現状の進捗の確認から、その日の目標、行動計画まで事細かに報告が求められる。朝礼で報告される行動計画が不十分だった場合は、当然研修で良しとされる行動計画の再提出が求められ、それをクリアするまでは最悪、研修の受講を止められてしまう。研修生は、毎日三島からの追及を躱すために朝礼の報告内容を練り上げなければならない。

ここではその朝礼でやりとりされる内容をもう少し詳しく確認していく。この研修の課題は、知識のインプットを行うためのテキスト系の課題と、そのアウトプットの確認を行うためのロールプレイング系課題の2種に大別ができる。始業前の時間は、基本的にテキスト系の課題提出と、朝礼で、三島への報告に不備がないか同期と確認をする為に当てられていた。理由は単純で、朝礼時に(正確には朝9時の始業の時点)で、未提出のテキスト系課題があることは厳禁とされていたからである。

業務時間内は全て同期とロールプレイング系課題の練習や、トレーナーとのロールプレイング本番に臨むなど、「他者とでなければできないこと」に時間を充てるよう指導が徹底されていた。テキスト系の課題は「一人でできること」であり、業務時間中に行うことを良しとされていなかった。

研修生は、こうした「量の最大化」を研修の序盤で教えられるKPIの考え方に基づいて報告する。

本来は、営業活動における「量の最大化」について指導するためのものなのだが、この考え方がそのまま研修の行動管理にも援用されている。研修において「成果」とは、課題に合格することを指し、「量」は取り組み時間、「質」は取り組みの工夫を意味している。

例えば、ある日の朝礼で、「A－2という課題の合格のために2時間の対策を行った」という報告をするとしよう、そしてその日にA－2の課題を合格できなければ、「2時間の対策で課題合格を目指す」という報告は通用しなくなってしまうのである。朝礼で決まり文句のように「同じことやったら同じ結果にしかならない」と突き返しているところを何度も目にした。とはいえ、「工夫」でなにか抜本的な改善策が出てくるわけでもなく、研修生は必然的に「量」を増やすことによって対策をとるようになっていく。

そして、その「自分で報告した」量をやりきるために、研修が業務時間外まで及んでいき研修生の取り組みの時間が際限なく増加していく。ちなみに、ＫＰＩは常に研修生が宣言している。三島が指示として行動量を設定するのではなく、あくまで研修生が量の最大化をするように仕向けて本人に宣言をさせている。それを知っているからこそ、研修生は朝早くに会社で朝礼の対策という一見すると滑稽な取り組みに心血を注いでいるのだ。

量の最大化に向けた取り組みは、朝の時間だけに留まらない。業務時間終了後も会社に残り、課題合格のための対策を行い、20時の完全撤収の時間を過ぎたあとも各々、ファミリーレストランでテキスト系の課題や、カラオケ店に集まりロールプレイングの練習を行っていた。

こうした最大化の取り組みは朝礼での報告で周囲に共有される。共有された行動量は、そのまま研修生の「達成可能な時間の投入量」として扱われていく。こうして各自の研修に対しての取り組みが相互に強化しあい、結果として「行動量の最大化を実行する集団」を形成していく。

第三章　ネガティブ・フィードバックの真意

1. 終わりなき職務

三島の働き方についてみていくことにしよう。三島は、大学卒業後に不動産会社に営業職として3年勤めた。この時の三島は、現在の新人研修で教えているＫＰＩや行動量を最大化して成果を上げていくような新規開拓の営業ではなく、業界内の横のつながりを構築して仕事を融通し合い成果を挙げていく営業スタイルを採っていた。

後に、営業としてのキャリアアップを考え、通信回線の営業会社に転職し、そこで現在の上司である鈴本と出会うことになる。鈴本が部門長を務める80名ほどが在籍する営業部で経験を積んでいくことになる。

最初は営業マンとして新規開拓営業に従事し、その後、10名の営業をまとめるリーダー役に抜擢され、鈴本に直接営業成績の報告などを行っていくことになった。前述のＫＰＩや量の最大化といった、研修で行なわれている朝礼のやり取りは、まさに鈴本が三島に対して行っていたものだった。

この鈴本の元での経験が、現在の三島の営業や仕事に対しての考え方や姿勢のベースになっており、その後、鈴本に伴われる形で現在の会社に転職してきた際も、この経験がそのまま研修プログラムの設計基礎になっている。

それでは、三島の日々の働きぶりを詳しくみていくことにしよう。研修トレーナーとして四年目を迎える三島は、平日の8時から23時頃まで働いている。始業開始から11時頃まで朝礼を行い、その後社内のミーティング、ロールプレイングの対応、研修生の商談への同行などが隙間なく詰まっており、業務時間外は、研修生からの質問／相談の対応をするなど、1日のほとんどを仕事に費やしている。

さらに、行き帰りの電車や、帰宅後に全研修生から毎日送られてくる日報のチェックや、車内ミーティングで用いる資料の作成を行っている。平日の睡眠時間は平均で4時間ほどである。研修の進捗が遅い研修生に対しては、土曜日も会社に赴き、場所の提供などを行っていた。

この就業時間の中で三島は、休憩を取らない。昼休みも昼食の時間も全て研修生への対応に充てている。研修生に対して苛烈な「量の最大化」を求めている三島は、その実、どの研修生よりも量を投

表２　三島体制下の主な１日の研修の流れ

(7:00)	・課題合格の為の自習、対策 ・個別朝礼の報告準備（朝礼ロープレ）	16:00	
(8:00)	・新聞発表準備	17:00	
	・ロープレ対策（トレーナー呼び出し）	18:00	■個別終礼 ・当営業日の振り返り
9:00	・テキスト系課題提出		・リカバリーの為の取り組み
10:00	■全体朝礼－服装（名札）確認、新聞発表		
11:00	■個別朝礼－今日のゴール、タスクの確認	20:00	■日報提出（デジタル） ■研修生退社時間（強制退去）
12:00	□※１グループ５～６名×７グループ	21:00	・自宅／会社近くの飲食店で練習対策
(昼休み)	・(個別朝礼時を除く)ロープレ受講 ・課題合格の為の対策	22:00	・テキスト系課題提出
		23:00	
13:00	■トレーナー週次 MTG ・課題の対策（インプット）		
14:00	・ロープレ練習		
	・食事（コンビニ）→食べながら対策		
15:00	■逸脱、失敗行動に対する指導		
	■業務取り組み姿勢に対する指導		
	・ロープレ受講		
	・課題合格の為の対策		
	・反省文作成		

入した業務を行っていた。

これは、三島だけではなく、他のトレーナーに対してもある程度求められていた。三島が研修生に対して、量の最大化を行い、研修の進捗を最速化していくことを求めている以上、トレーナー側がそのスピード感を損なうことは許されない。

過剰とも取られる仕事への献身の要求は、こういったトレーナー側の、特に三島の研修生を凌駕するオーバーワークによって説得力を担保しており、事実、研修生の山崎は「三島さんにかけている時間が足りないって言われたら何にも言えないですよね。自分たち以上に質のある人がもっと量をやってるんだから」と述べていた。

トレーナーの業務が、勤務時間を超え、週に70時間に達する過密労働になっていくのは、ミンツバーグによれば「職務がもともと終わりなき性質」を持っているからである。三島には、担当している営業の研修以外にも、部門長として業務、研修生をとりまとめるマネージャーとしての業務など様々な仕事が降りかかってくる。

加えて、本研修の特徴である「選考の敷居の低さからくる研修生の多様性」への対応などに追われることもある。突然連絡の取れなくなった研修生の捜索に駆り出されることもあった。

研修のカリキュラムは確立されており、その運用を行う各トレーナーも運用については十分に熟知しているが、そこに臨む研修生の行動は予期できるものではなく、画一的な対応は不可能だ。こと研修においては、ミンツバーグが指摘するように「マネージャーは組織のシステムが不完全であるがゆえに必要」であり、そのシステム内の行為者の多様性をカリキュラムの中に収斂させていくために必要なものと言えるだろう。

2. 研修生との関わり方

本項では、ミンツバーグが「マネージャーを指揮者とみるか、操り人形に見立てるかは、マネージャーがどのように自分自身の用事を管理しているかによる」と述べている点について、三島のトレーナーとしての専門的な職能についてみていく。

その前提として、管理職が持つとされる特有のパーソナリティについて次のような表記がある。「マネージャーは自分の仕事の持つ現実性に促されて特別なパーソナリティを育てるのである。すなわち、仕事をしすぎたり、やっつけで仕事をすませてしまうこともあり、時間を無駄にしないようにすることもあり、参加する価値が確実に思えるときだけ参加する場合もあり、どんなことにも深入りしないようにするというパーソナリティである。ものごとを表面的にすませてしまうことは、間違いなく、マネージャーという仕事の職業病である」(ミンツバーグ1993)。

この特有のパーソナリティという捉え方は、本研修を観察する限りは認められない。やはり、トレーナーとマネージャーとでは、職務に隔たりがあるので一概に同一視することはできないが、三島はマネージャーでありトレーナーである。研修生からは間違いなく先輩、トレーナーではなく上司として認識をされており、三島もそのように振舞っている。ここでは三島の研修生への関わり方、その技法について考えてみたい。

三島が社会人としての、営業マンとしての現在の考え方を形成した原体験は、前述したように前職での鈴本の元で業務に従事してきた6年間の経験にある。その時に学んだものについて三島は「KPIを立てること、立てた目標をやりきること、やりきるためには量を最大限投入すること、その上でうまくいかないこと」だという。

この研修をデザインする際にも三島は研修生にこのような経験をさせるべきだと考えていた。だからこそ研修のカリキュラムは過密であり、達成が限りなく不可能な目標を掲げさせ、失敗を繰り返し経験させるように研修を運営していた。この「エラー経験」とも呼べるものがこの研修において、明示されてはいないものの一番重要な要素であると言えよう。

三島の研修生との関わり方は、この一番重要な「エラー経験」に研修生を慣れさせないようにするための「鬼軍曹」としての関わり方だった。三島の「鬼軍曹」としての研修への関わり方は研修制度がデザインされたときから想定されていたものである。もちろん、この会社で働く上で必要とされる基本的な技能や知識、スキルを身に付けるためのカリキュラムが策定されているが、それでもなおこの研修の要諦は、そのカリキュラムの運用方法にある。

入社まもなく右も左もわからない状態でも研修生は「鬼軍曹」に活動計画の報告をしなければならない。そして、怒られるのである。再提出と叱責の反復を繰り返して、研修生は（本研修において）必要とされる仕事に対しての取り組み方、姿勢、振る舞いを身体化していく。研修に取り組んでいく中で、様々な「エラー経験」が仕込まれており、この経験はイベントとして研修に設計され埋め込まれている。前述した朝礼が制度化されたエラー経験として、鬼軍曹としての関わり方を、この研修のコアな部分を端的に表しているといえよう。この徹底された規律訓練は、昨今言われているような人材育成の方式とは逆行するようにも思えるが、この方法を三島は一切の妥協なく行っていく。

当然、このようなカリキュラムの運用は研修生に対して非常に高い負荷をかけることになる。ここでバランスを取るために設けられていたのが、毎日の就業時間後に設けられていた「質問相談枠」だった。ここでの時間だけは、「鬼軍曹」としての関わり方は鳴りを潜めて研修生とはまた違った形で関わりを持っていく。具体的には、朝礼のように自分で考えろと「突き放す」のではなく、考え方などを教示しながら「導く」ようなアプローチで、指導を行っていることが多かった。

前述のように成果を出すためにKPIの考えに基づいた際限なき量の最大化を行った結果、現実的に不可能な行動数の設定になってしまった場合など、当初設定した目標達成が不可能になった際の立て直し、目標の引き直しを行いながら、三島は研修生に対して「エラー処理」を手ほどきしていた。この手ほどきの中で研修生は、業務上の失敗からそのエスカレーション、今後の再発防止案の策定、その報告までを疑似経験し、失敗をリカバリーするための術を身につけていく。

三島は、三島個人の関わり方だけでなく、周囲のトレーナーの関わり方もコントロールしながら研修生のエラー経験、成功体験を設計していた。ただ、それぞれが専門職として分業体制を敷いていたこの研修制度では、「組織の日常業務に深く関与し、マネージャー自身も業務に密着し監督していく。必要が生じれば、自ら誰かの穴を埋める用意ができていなければならない」(ミンツバーグ 1993:

170）というよりは、誰かの穴を埋められるトレーナーを一人配置することでリソースに弾性を持たせていた。

まず事業本部長である鈴本は、基本的に研修事業の最終責任者として部外の業務を担当するほか、「物言わぬ存在」として常に自席に詰めていた。三島からは「役員が研修生に怒っちゃったら逃げ場所なくなっちゃうから」と、研修生に直接声をかけること自体を制されていたが、「物言わぬ上司」として研修生の逸脱行動に対する抑止力として機能していた。

鈴本は、ミンツバーグが指摘するように「肉体的なパワーやカリスマ性についていく」（ミンツバーグ 1993:100）というインフォーマルな集団でのリーダーシップを体現するその一端を担っていた。入職直後で集団として統制がとれていない研修生の集団に対しては、あれをしてはダメ、これをしてはダメと逸脱行動に対して都度の指導をするのではなく、逸脱行動に対してのハードルを高く設定することが有効に機能していた。

「特に何も言われてないですけど、大人しくしておこう、ちゃんとやろうって思いました。鈴本さんがいる時に周りで話をしてる人がいたりするとヒヤヒヤして」と横溝がいうように、逸脱行動が規制されるのではなく、その行動を「自粛」されるほど、鈴本はビジュアル的に「迫力がある」のである。

「自粛」することで研修生はその規範を内在化させていく。そして、研修が終わるころには「段々と当たり前になってくるんですよね。なぜ真面目な勤務態度でなきゃいけないかとか、そういう理屈ではなくて、常識として身についてくるんですよ」というように、海原は仕事に対しての考え方、態度を体現していく。このように、規律訓練の場として研修を捉え直した時に鈴木はその中で欠かすことのできない強力な舞台装置として機能していた。

そしてこの「物言わぬ上司」は、研修生には声をかけることはないが、トレーナーに対して檄を飛ばす。研修生の規律が緩んできたと判断されたタイミングで、鈴木はトレーナーを研修生の目の前で、研修生に聞こえるような大声で叱咤するのだ。このように間接的に研修生をまとめ上げるために三島は鈴木に振る舞いを依頼し、鈴木もそう動いていた。

その下で三島は、研修生個々の進捗を的確に研修を統制している。適切なエラー経験の積み重ねのためには、適切な受講機会の提供が不可欠となる。研修を受け持つトレーナーの限られたリソースを鑑みながら、朝礼で研修生のスケジュールを調整し、研修をコントロールしているのである。

3. 情報の伝達

トレーナーは数多くいる研修生のめまぐるしく変化する状況をしっかりと把握していなければならない。研修生の状況をしっかりと理解しなければ、研修生に響く指導を行えないからである。勤怠状況、研修の進捗状況、業務への取り組み姿勢、体調からメンタル面まで細部にわたる理解をするために様々な手段で情報のやり取りを行っていた。

ミンツバーグによると、マネージャーが利用している5つの情報伝達メディアとは、①郵便（文書によるコミュニケーション）、②電話（純粋に口頭によるコミュニケーション）、③予定外の会議（非公式の対面的コミュニケーション）、④予定に組み込まれている会議（公式の対面的コミュニケーション）、⑤現場観察（視覚によるコミュニケーション）である（ミンツバーグ 1993: 64）。

これらの情報伝達メディアは、本研修でも同様に用いられている。郵便に代わる文書コミュニケーションは、社内のグループウェア上でやり取りされる日報である。これは毎日20時までに研修生から日報が提出されることになっている。報告内容は、その日の活動報告、結果、反省点についてで、日報は提出した研修生本人と三島の2人だけが閲覧することができる。三島は会社への行き帰りの電車の中でこれらの日報全てに目を通していた。

研修生は、その日の研修について必要なことは洩れなく記述し、必要でないことは一つも書かずに簡潔にまとめることが要求される。このように真の要点だけを簡潔に述べる訓練をすることで思考を明確にする術を身につけていく。

電話によるコミュニケーションについては、勤怠についての連絡に用いている。研修では、「体調管理も仕事のうち」という教えを徹底しており、体調不良による遅刻、欠勤には厳しく対処をしていた。遅刻、欠勤の連絡はいかなる場合でも電話で直接三島に伝えなければならず、体調不良の場合でも、自宅で安静にしているのではなく、かならず病院へ行くように指示し、翌日にその際の診断書の提出を求めていた。この取り組みは、遅刻、欠勤の防止に有効的に働いており、三島がマネージャーをしていた時期と現在の体制では研修生の欠勤、遅刻の割合が大幅に異なる。

非公式の対面的コミュニケーションは、研修生が何かしらの逸脱行動や研修において不正行為をした場合と、前述の質問相談枠の場合の2つに大別ができる。

それぞれ話の重要性によってオープンスペースにある三島の自席で行われるものと、個室の会議室で行われるものがある。これは数少ない研修生と個別にやり取りをする機会であり、次の公式のコミュニケーションである朝礼と併せて、研修生が遭遇する最もわかりやすい「エラー経験」の機会であった。

公式の対面的コミュニケーションが毎日行われる朝礼である。このように研修生と直接密にやりとりを行いながら現場視察を併用し、研修という空間で起きていることをしっかりと把握する。だからこそ、常に的確な指摘をすることができるし、研修生もしっかりと「見られている／見てくれている」ことを実感できる。

研修生にかなりの負荷を強いるような本研修において不可欠なのは、研修生からの信頼を獲得することであり、そのためにはこうした緻密な状況の把握が欠かせないのである。

4. ネガティブ・フィードバック

研修のトレーナー、特にマネージャーを兼任する三島の職務は、研修全体の状況把握（研修生個々人の進捗やメンタル面、人間関係含む）、トレーナーのリソースを勘案した研修の交通整理、目標管理、研修業務にその特性をまとめることができる。研修の職務特性の中で特徴的なのが研修生との関係の取り方である。ここでの関係とは、研修が進むにつれて形成されていく研修生との関係性を指し、①進捗が良い者との関係と、②進捗が悪い者との関係がある。

一つ目の関係性は、三島が重視する報告の様式や、スケジューリング、PDCAを身につけた研修生が、他の研修生の対策などを担当していくという関係性である。そういった場合は、三島から進捗のいい研修生に対して他の研修生のフォローに回るように指示がでる。研修生に対しての対応を平準化しなければならない以上は、鬼軍曹としてスタンスを崩すわけにはいかない。研修を通じた指導で成果が上がらない場合にその打開策として、「トレーナーが導く」のではなく、「同期である研修生が導く」という手段を採用していた。こういった役回りを任されるようになった者に対しては、鬼軍曹としての役回りを三島が演じることもほとんどなくなり、研修が自転していくようになる。

二つ目の関係性は、研修の進捗も遅い研修生たちとの関係性である。こちらの関係については、三島は鬼軍曹役という立場は崩さずに周囲の人間にフォローをさせながら進捗の向上を図っていた。できないからといって、接し方を甘くするようなことはしない。取り組み姿勢や対策の取り方などは三島の方で指導を行う。一方で、やはり理解が他人より遅かったり、基礎的な能力が揃っていない場合もある。そういった際は、トレーナー陣の中では研修生に一番年齢の近い私や、進捗の良い研修生が基礎的なインプットの補助を行うなどして対応していた。

鬼軍曹として、研修生に対してプレッシャーを与え続けなければならない三島の関係の取り方は基本的にその役回りと同じく「突き放す」ことの繰り返しである。その過程を超えて、三島に認められるようになった者は、初めて研修以外の「仕事」を任されることで三島との関係を構築していっていると認識をしていた。徒弟制を彷彿とさせるこのような関係の取り方は、パターナリスティックではあるものの研修生を同質的な集団としてまとめあげるのにある程度有効に機能をしていた。

ここでもう一度「鬼軍曹」という、研修生と三島の関係性について、その有効性を考察してみたい。三島の教育方針は、失敗を経験させて、そこからの立ち直りを行わせる。これの反復である。このプロセスに外部から「鬼軍曹」として負荷をかけることで、コルブが経験学習モデルで提示した内省的観察を促していた。

ここで着目したいのは、「教育者」として振る舞うのではなく、「監督者」として振舞っていることである。基本的に研修生に「気づき」を与えるような示唆を与えるようなことはしない。研修生は自力で考え抜いて「気づき」を得なければならない。「なぜトレーナーに怒られているのか」、「なぜ自分の取り組みは評価されないのか」といった自問自答の果てに、「経験学習モデル」という思考を身体化させていく。

当然、指導する側も単純に厳しくしていれば良いわけではない。それは三島自身の語りにも表れていた。「厳しくするけど、常に何故?には答えられるように指導をすること。相手を否定することに対して説明責任が果たせないといけない」。この取り組みの成果は、機械的にタスクをこなしていく作業者や、指示待ちの人間ではなく、目的意識を持って能動的に仕事に取り組んでいく人材の育成に一役買っていた。

同様に教育上、相手に対して否定的なコミュニケーションを取ることについて、「ネガティブ・フィードバック(NF)」がある。ゴッフマン唱えた「フェイス」という概念を参考に、ブラウンとレビンソンが「フェイス脅威行為」としてポライトネス理論をまとめ上げたものがある。この「フェイス」とは、「人が人付き合いの中で維持したいと思う、自分自身の社会的なイメージ」として定義されるものだ。日本では繁桝が、この理論を引用しながらNFの効用について調査を行った。

その研究では、図のようなフェイス脅威度を測る公式を元に、NFが有効に働く条件を導いていた。繁桝の研究によれば、NFが有効に働く条件は2つ存在し、⑴フェイス脅威度が低いこと、⑵受け手と送り手の親密度が高いことが挙げられている。

一方で繁桝のこの指摘は、本研修を観察する限り認められない。NFは「身近で見ているからこそ得られる効果」であり、「職場というコンテクストにおいては、ダメだしにはより明確な効果が期待できます。〈職場での成果を上げるため〉〈適切な行動をさせるため〉というように目的がはっきりしているほど、ダメ出しが相手のためになる可能性が高いと考えられ」る（繁桝 2010:130）という考察には、本研修においても同様のものが認められるが、有効に働く条件はいずれも相反することが明らかである。

研修生のフェイスは常に高い脅威にさらされており、研修生は三島を親密に感じている様子は認められない。研修生からの語りからは、三島の能力に対する尊敬が見られるのみである。

本研修の調査からは、NFが有効にはたらく条件は親密さではなく、「受け手が送り手の能力をどの程度高く評価しているか」という要因のほうが重要であることが明らかになった。

5. 職務の特性

研修のマネージャー職務は、ミンツバーグに倣い次の6つに見て取ることができる。①研修のマネージャーは、研修生の能力を水準以上に育成するために、研修の到達目標を明確に設定している。研修の各カリキュラムを終えるとどのような技能が身につくのか、研修全体を通じてどのような人物像を想定した人材育成を行っていくのか等が、緻密に設定されている。

そして、その設定を確実に達成するために、前述の徹底した進捗管理による運用体制が敷かれ、スキルや商品知識以上にその職務への取り組み姿勢が評価される人材育成制度が確立した。本研修は、この企業の職能形成における構造的な課題を解決するためのアプローチとして取り組まれている事業である。そのためにも現場に配属された研修を修了したものが活躍し全社的に認められるようにしなければならない。業務の奨励のために職務に関する様々な達成目標、行動目標が設定され各部署から報告が上がり、その中で優秀な成績を収めた者は表彰される。研修の取り組みが始まってから3年半が経過しているが、その期間中に全社で表彰された人間の半分以上がこの研修を修了したものたちが占めている。これは本研修が有効に機能していることが社内的に認められている証左であろう。では、この研修生の成果はどのようにして生み出されるのであろうか。

これについては、研修で基礎的な知識やスキルが身についていたというよりも、「量の最大化」や「ＫＰＩの設定」、「ＰＤＣＡ」といった職務に取り組む姿勢にまつわる部分が徹底的に鍛えられていたことに理由を求める方が正しい。結局は、実業務でＯＪＴを経た職能を形成していくことになる以上、研修では如何に早く実業務に順応できるかが鍵であった。

目の前の職務や、実際に顧客とやりとりをするという点において、研修生は未経験の素人であるが、一方でその職務を「できないこと」として捉え直した時に、それを達成するための訓練は研修で散々積んできているのである。そして、日々の職務に対する責任も研修の時に晒されたプレッシャーに比べると些細なものだと多くの研修生は語る。新入社員が成果を出すための土台作りを徹底することが重要であり、綿密に準備をして「その上でうまくいかない」というエラー経験を乗り越える技法が奏功していることを示している。

こうした、行動管理に基づく職務に対する姿勢、考え方の浸透は、②の安定的な規律正しい研修業務の中に具体的に組み込まれていく。例えば、報告業務の簡略化のために「聞かれたことだけに答える」、「結論から言う」というものがある。しかし、研修上でこういったことを作法として直接的に教えることはない。報告業務を繰り返し、三島に排斥されながら研修生たちは自らその作法を体得していく。そうすることでその行動様式は習慣化していき、研修を終えた後も行動様式が抜けることなく、現場でも実践が続くようになる。

研修生は三島に怒られないように行動し、必死に考える。徹底的な管理の下であがき続けることが、自ら思考する態度を養い、組織や集団に埋没しない自律する個人として研修生を形作っていく。

当然、こういった高度な育成やプレッシャーには付いて行くことができない者も一定数存在する。会社を去って行ってしまう者、研修の6ヶ月を耐えて現場に出向していく者もいるなど、この方式が万人に当てはまる育成手法ではないことは留意したい。ただし、そういった適合できない者が一定数出てしまうことは、研修の制度設計時に想定はされており、そういった研修生たちの受け皿となる職務もある程度は用意をされていた。

③常に変化する環境への組織的な適応を管理者は統制していかなければならない。本研修に係る変化する要因は、⑴現場が要求する人員数、⑵職務、⑶自社サービスのアップデートが挙げられる。

急な退職や、会社としての方針で部署に必要な規模は増減し、また営業力を強化する年もあれば、開発力を強化する年もあるなど、いつどこで誰が必要なのかは刻一刻と変化をしていく。当然、人材を輩出する部署としてリソースの提供に期待が持たれているため研修生のキャリアプランを鑑みた上でそれぞれ最適な職務、部署へとアサインを行っていく。研修のカリキュラムの細かい調整もサービスの仕様変更に沿って微修正がされていた。

さらに④組織が組織を動かしている人々の目的に役立つようにすること、つまりは研修生と配属先の部門長それぞれの目的達成の実現を保証するために三島が行っているのが、研修生の適性の見極めと、部門とのマッチングである。研修修了後の人員配置については、⑴研修生本人の希望職種、希望部署と、⑵部門の人員配属計画の二者の希望を勘案する必要がある。特筆すべきは人員の配属が部門長同士の話し合いなどで決められるのではなく、その人事権を三島個人が握っていたことである。三島は配属先の決定権を持っていることを研修生は知らされていない。三島は、研修生本人の性向や、キャリア志向など鑑みた上で一番馴染むであろう配属先を選んで部門に推薦をする。部門側には一応拒否権があるが、行使されることはほとんどなかった。誰をどのタイミングで、どの部署に出すかをコントロールすることで、ミスマッチを無くし、配属後の現場への定着率を上げることは、研修の成果を部外に評価させるためにも重要な作業だった。

一方で、三島のマネージャーとしての職務は、組織の内部に向けられたものが多い。ミルズの指摘するように⑤組織と外部環境をつなぐリンクとしての機能などは三島の職務としてはほとんど認められなかった。

先輩社員との懇親会など、外部との交流については奨励をしていたわけでなく、三島は個人も研修業務に専念するという名目上、定例会議のメンバーには入らないようにしていた。「自分の組織と外部接触のネットワークの間に立ち、さまざまな方法で両者を連結している」（ミンツバーグ 1993:87）ではなく、「自分を組織の蓋として、外部との無用な接触を防いでいた」というほうが正しい。

三島自身も「仕事に対していろんな考え方があるからね。それはいいんだけど、研修生に吹き込まれたら面倒じゃん。基準ブレちゃうし。」と、研修生と外部の接触を奨励しないことについて語っていた。

第四章　「ぬるい研修」で人は育つのか

1. 研修の評価

本研修では徹底した規律訓練と進捗管理、エラー経験の克服を通して研修生の教育を行ってきた。研修の制度が運用されるようになって3年、現場における卒業生の評価は概ね上々だった。

現場の業務は現場で実践経験を積みながら体得していく必要があるにせよ、それ以外の「報連相の徹底」や「スケジュール／タスク管理」といった、〈会社員として必要とされる基礎的な能力〉が十分に指導されていることは、マネージャーから好意的に捉えられていた。

鈴本と三島の考えるこの基礎的な能力は、図らずとも経済産業省が提唱している「社会人基礎力」に共通するものが多い。特に主体性、働きかける力、実行力、計画力、規律性の5つの能力要素は、本研修で徹底的に鍛え上げられる。

社会人基礎力そのものに実際の仕事の上でどこまで役に立つかは定かではないという批判があるものの、仕事をする心構えや取り組み姿勢という点において、「共通認識」と「共通言語」を持ち「研修生」という規格化された人員が安定的に供給されることは、現場の教育コストの削減に寄与するものとして受け入れられていた。

「共通認識」とは即ち「目標は必達するもの」、「仕事は自ら主体的に行動していくもの」、「最大限やりきること」といった仕事をする上で（少なくともA社では）当然とされている仕事に対する姿勢を指す。これが備わっていない新入社員は一般的に「学生気分」や「お客様気分」と形容される姿勢であり、三島はこの点を徹底して指導していた。

徹底した規律訓練の連続により、この「共通認識」は彼／彼女らの中で「強いられるもの」から「当たり前のこと」へと内面化されていく。研修を修了後、現在は現場でマネージャーとして活躍している海原は、「最初は、理由とかを説明するよりも、ただ〈やれ〉でいいんですよ。それが続くと当たり前になってくるんです。」と梅原は自分の経験を振り返った。

全員ではないにしろ、こうした自律性を高めた「自走する人材」を輩出するところは、スキル偏重の研修では実現できない。こうした姿勢や考え方そのもの育む取り組み「やって当たり前」、「出来て当たり前」というスタンスは、「褒めて伸ばす」、「個性を尊重する」といった育成と対極に位置しており、後述する体制／方針変更後の研修では意図的に生み出すことは出来ていない。

「共通言語」は研修で内面化された規範を再生産するのに役立つ。研修の運用から3年も経過すると研修を終えた者たちが、現場業務の中核を担う場面も増えてきた。研修を修了した者たち同士での仕事の打ち合わせでは、研修で三島が発していたような言葉がよく登場する。それは「なぜ」、「誰が」、「いつ」といった物事を明確化させる言葉であり、仕事を行う上でお互いにスケジュールを立て、タスクを確認することが頻繁に行われていた。

研修を通じてそういった「規範」が内面化されている研修生とそうでない者が打ち合わせをすると、内面化されている研修生はまるでトレーナーのように叱責を始めたりする。研修で身体化された行動規範は、それ自身が仕事を円滑に進める上で有用であると実務を通じて認識される。そして研修を終えた者同士での業務にはその規範を象徴する言葉が繰り返し用いられることで、その認識はさらに強固なものになり、日々の業務の中に息づいていく。

研修で身につけた能力そのものよりも、「研修をクリアした」という実績そのものが好意的に受け取られているケースもある。本研修は、営業現場と同じ空間で行われていたためその厳しい規律訓練は現場の社員も目にしており、その厳しい研修を耐えている「タフな」人材として期待を寄せられていた。その厳しさの裏返しで、研修に付いていけないものは退職していく。研修には、現場で実業務に耐えうる人材かどうかスクリーニングの役割も担っていた。

採用に関わらないマネージャーにとって、どんな人物が配属されるかは蓋を開けてみなければわからない。事実、面接を人事総務と役員のみで済ませてしまうことの多いA社では、現場の要求と異なる人材が採用されることも多かった。そして、本人の要望や、部署の方向性などが十分にすり合わせされないまま配属され、アサインする業務に窮したり、コミュニケーションがまったくとれず、そもそも仕事をさせられなかったりなど問題が多かった。

最悪、マネージャーの評価に影響することもあり得るため「配属は博打」だった。その点、この研修ではある程度期初に予定されている配属計画に基づいてはいるものの、研修を運営するトレーナー陣が配属部署と担当する職務について意見を出し合い配属先を決めていた。

副次的な成果として、社内の横のつながりが形成されたことも特筆すべき事項である。いままで中途入社を中心に人員の採用を行ってきたA社では、「同期」という集団の存在が希薄であった。というのも、新入社員として入社してくる新卒は、研修制度ができる以前は、1ヶ月の人事総務研修を行うのみであった。その後はすぐに現場に配属されていたため関係性を構築するのに十分な時間が持てなかったのである。基本的に人数が少数ということもあり、業務上横のつながりが希薄であるように見えた。

それが現在では、20名前後の研修生が、6ヶ月間同じ課題に取り組むことで仲間意識が形成されている。現場では同じ職務に従事することも多く、業務上のつながりが維持されるようになったことも大きいだろう。さらに現場での仕事の取り組みも、以前と異なり部署の縦割りではなくリソースを協力し合う、具体的には、営業で仕事を取ってきた部署と、実際にシステムを組み上げる部署が別部署というように横断的な業務が増えてきたことも相まって、その円滑なコミュニケーションにさらに拍車がかかっている。むしろ予め横のつながりが形成できている同期集団の存在が、横断的な業務を容易にしているようにすら見て取れる。

本研修を企画した、鈴本と三島はこの研修の功績を経営層から評価され、「企業独自のノウハウを体系化し研修プログラムにまとめ上げる」ことをそのまま他企業に提供する「オーダーメイドの人材育成代行事業」を行うグループ会社を２０１６年に設立した。

2. 体制の変更

このグループ会社設立を期に、本研修はその運用の形態を大きく変えることになる。この調査の対象企業であるA社は、本研修の運用開始から3年後に経営拡大の一環としてホールディングス体制に移行し、経営部門が持ち株会社（以後、B社）化し、事業部門が事業会社化した。そのタイミングで上述の鈴本と三島が人材育成事業としてグループ企業を立ち上げる運びとなった。

これまで採用と育成は部門が異なるとはいえ同じA社内で完結していた。ホールディングス化に伴い、事業会社の採用は親会社であるB社が一手に行うことになった。

本研修もA社の業務に必要なスキル、技能を身につけるものではなく、他のグループ企業での業務にも合致した育成が求められるようになった。

体制の面では、6ヶ月間の研修をそれぞれB社、A社、その他グループ企業で、カリキュラムを持ち合いそれぞれ分担して行うという建て付けで企画がされており、2018年5月時点では、4社がカリキュラムを提供した研修になっている。

ただ、実際に研修の中核を担うのはA社の研修プログラムであり、他のグループ企業の課題はA社の課題を全て終わらせた後に希望すればと取り組める選択課題という建て付けになっており、6ヶ月間のうちの5ヶ月間をA社の研修に割いている。

これは、研修後の最大の人員受け入れ先であり、グループ企業で一番売上が高いことにも起因している。ここで強調したいのは、研修業務が「A社の事業」から「B社からの委託業務」になったことだ。研修の方針を決定するのはB社であり、研修を請け負うA社はその意向に沿った形で研修を実行するという運用体制は後に触れるように様々な変化をこの研修に及ぼしていく。

組織体制の面では、鈴木、三島が抜けた穴を松本と桜木というものが後任として埋めることになった。この二人は、以前A社の大阪営業所で数ヶ月業務を共にしたことがあり、松本が鈴本の後任に決まったタイミングで営業所から引き抜きという形で抜擢された。研修事業の管掌役員ごと変更されたこの体制の刷新は、本研修の性質をも一変させた。

まず、管掌役員であった鈴本の方針と後任の松本の方針の違いがある。鈴本は本研修を「A社がその事業規模を拡大していく際に必要な人材を育成する上で、もっとも重要な事業である」と位置付けていた。既に述べたように、社内スキルの平準化を目的とする以上、企業における人材育成の中心に研修を据えていた。

これには本人の育成に対するスタンスはもちろん、自身が企画して立ち上げた事業ということもあり、その成果、プレゼンスを対外的に評価される必要もあったのだろう。一方で、松本は現場の叩き上げであり、「現場の経験を積んで初めて成長できる」というスタンスをとっていた。

松本は6ヶ月の研修期間を「長すぎる」とも考えており、研修のようなOFF‐JTを変えたいと考えていた。松本は、研修部門を受け持つ前は現場の営業部門を見ており、研修を経た人間が現場でどの程度通用するのかを知っていた。その経験から松本は、研修のカリキュラムに大鉈を振るい違ったアプローチで成果を出そうと考えていた。

このような方針の違いから、厳しいタスク／スケジュール管理を基にした規律訓練型の研修から、研修生の主体性／個性を尊重した委任型の研修へと、研修の運用が変更されていった。この委任型の研修への方針転換の主たる理由は、退職率の低減と、研修運用の効率化である。

退職率の高さは、三島が担当していた研修を象徴するものとして社内では捉えられていた。三島が担当していた約1年半の研修では、113名中46名が研修途中に退職している。実に40・7％が離脱している。この離脱率の高さは、前述したように採用を絞らずに量を重視したリクルーティングを行っていたこと、またそれを踏まえた上で、研修が厳しいカリキュラムによる「ふるい」の役割を帯びていたことによる。

これは、鈴本の方針もそうだが、それ以上にこの方針を当時の代表取締役社長である北野が支持していたことが大きい。A社はITベンチャー企業であり、創業者である北野が会社の意思決定に非常に大きな力を持っていた。だからこそ、会社の風評や、外部に公表されるデータとしての退職率を気にせずに厳しい研修を実施できていた。

新体制では、鈴本、三島だけでなく、管掌役員も北野から、人事総務や財務会計などの経営管理本部を統括している朝山に変更になっている。北野が管掌しなくなったことと、朝山が退職手続きなど管理していることもあり、三島時代の40％の退職率にメスが入れられることになった。

新体制発足後に既存のトレーナー陣を集めたキックオフミーティングでは、「〈鬼軍曹〉を擁したタスク管理偏重の研修から、〈ニコニコ鬼軍曹〉による研修生の主体性を伸ばす研修へ」という言葉で研修の新しい方向性が示された。

研修の各課題に対してのスタンスも、最低限の情報だけを与えて自分で調べ考えさせる方法から、答えを教えてその後で「なぜそれが正解なのか」を考えさせる方法に切り替わっていった。それまでの研修では根幹を成していたタスク管理や、スケジュール管理も研修生に過度のプレッシャーを与えるものとして、1ヶ月に一回の振り返り会として行われるのみになった。

こうしたプレッシャーを軟化させていった結果、松本、桜木体制下では約1年半の研修期間中の実績を118名中29名の退職にとどめ、離職率を24・6%に抑えることに成功した。とはいえ、研修のプレッシャーを軽減させているにも関わらず、依然全体の1／4が退職していることは、研修中のプレッシャー以外にも主要な退職理由が存在する、もしくは別の理由での退職が発生していることを示唆している。この退職理由についての考察は後述する。

この体制変更について忘れてはならないのは、運用の主体の変化である。鈴本と三島の体制では、実務の権限をほぼ全て三島が握っていた。研修の企画から個々人の指導、関係部門への渉外含めて、ほとんどのことが三島に一任されており、三島は自分の判断で研修をコントロールすることができていた。

一方で、松本と桜木の体制では、イニシアチブを松本が握っている。研修の企画や方針の策定などは松本が行い、研修を進める上で渉外が必要となった場合も、事前に進め方について桜木が松本に確認をとって行われるか、松本が自ら行っていた。三島が研修生とやり取りをしながら研修をコントロールしていたのに対して、松本は研修そのものには直接関わっていない。桜木の報告を元に研修の現状を把握し、方針を修正していく。この現場の権限が制限されているという状況は研修を取り巻く環境をより大きく変えていくことになる。

研修を運用する上での意思決定が、現場で研修を行いながら下されるものではなくなり、現場から上がってきた報告を元に下される。これは、意思決定が数字を軸にして進められることを意味する。研修生の出勤状況、進捗率、退職率などの数字と桜木の報告を元に松本が判断をしていく。その結果、「研修の進捗上、ボトルネックになっている課題を削る」といった話がよくなされるようになった。数字に表れるものが重視され、数字に表れないものが、意思決定の際に考慮されない。

それは数字に表れない「意味」が軽視されることと同義であり、それまでの研修で重視されていた「取り組み姿勢」や「会社員として求められる考え方」など規律訓練の部分で担保されていた数値化されない成果が欠落していく結果となった。

これは研修に関わるステークホルダーが極めて限定的だった旧体制とは明確に異なる点である。旧体制の研修は言ってみれば、鈴本と三島という10数年来仕事を共にしていた二人が自らの経験や仕事の構えを体系化した研修であり、その運用がまかり通ったのはスポークスパーソン、妨害排除者として鈴本が強力な力を発揮していたからに他ならない。

一応の報告義務として、研修の進捗は会社に報告されていたが、実際は北野という最高権力者の後ろ盾がある以上、他の部門が研修の運用に口を挟めるものではなかった。鈴木も研修の運用には関わらないとはいえ、基本的には研修の現場に常駐しており、三島からの報告はなくとも研修現場で何が起きているのかは認知していた。

だからこそ、部門内での報告や説明が必要なく、また対外的な説明責任も存在しなかった。ある種ブラックボックス的な、属人的な研修の運用は、認識のすり合わせや、協議を必要としない閉じられた密な人間関係の中でのみ可能なことだった。

一方で新体制は、この閉じられた体制から一気に開かれた体制に移り変わっていく。既に述べたようにまず研修自体が持ち株会社であるB社の取り仕切りになり、A社はその研修の運用委託をされている形に変更された。当然、委託されている以上、研修の進捗、方針、退職など、何が起きたにしろ、何を変更するにしろB社への報告が必須となる。また管掌役員も元々本研修を企画した鈴木ではなくなった。松本は、研修部署以外にも、プロフィットセンターの部門長も兼務しており、その部署で大型のプロジェクトが進んでいたため、あまり研修の現場には居合わせておらず、管掌している他の部門に詰めていた。

そもそも、どういうヴィジョンでどのような運用をしているのかで見解が一致していない。そういった状況の場合、マネージャーは当然「現場で何が起きているのか」を知ろうとする。そういった環境の変化、研修を取り巻く組織構造の変化は、研修の透明化を促し、透明性を確保するため、研修という取り組み可視化して報告するために数値偏重の成果を求めることになる。

特に松本が鉈を振るいたがったのは、営業の研修だった。松本は現場で営業としてキャリアを築きあげてきたこともあり、前述のように現場での経験を重視する。特に営業については「お客さんとやりとりしてナンボ」という考え方であり、研修の中でも多くの時間を割かれていた営業のロールプレイング研修の縮小を度々提言していた。

研修の縮小を営業商談のロールプレイングを例に説明しよう。営業商談のロープレは本研修全体を見渡しても、最も難しく時間のかかる課題の一つである。商談の一連の流れを通じて、それまで取り組んできた課題の内容の確認を含む総決算的な意味合いを含み、研修生が合格までに要する対策時間は平均で120時間にものぼる。

松本からは、平均対策時間が12時間で収まるようにと要望が出された。研修生が今後増えて行く中で、一人一人にそこまで時間をかけていては研修全体の運用が回らなくなる上に、この課題を通して身につく能力が不明確で効果が曖昧であるというのがその理由であった。

同様の理由で、当時全部で6段階あった、営業研修のうち3つの段階で課題の簡略化が行われた。カリキュラム変更とその影響については、詳述していく。

3. 序列の構造

人員の調達は、企業経営の中でも最も重要な業務の一つである。B社もグループ全体として事業規模を拡大させていくにあたって、採用／育成の強化に取り組んでいた。募集については、体制変更前はA社の社長室が、現在はB社の採用人事支援部という部署が主な業務を担当している。採用担当の社員が全国の専門学校、大学にて会社説明会を行い、学生に認知をしてもらう活動と、生徒の就職先を決めたい専門学校の職員との関係を構築していき、新規学卒者の採用数を増やすい方で、第二新卒に関しては転職エージェントを活用して人員の確保に努めている。

IT企業であることもあり、募集する職種は、総合職（営業系）と専門職（開発系）の二職種であり、専門職は新規学卒者を、総合職（営業系）は、第二新卒をメインに採用計画が立てられている。

この時に重要なのは、事業会社であるグループ企業の現場における人員配置計画と、持ち株会社であるB社の採用チームが持っている採用者数の目標が異なるという点だ。

経営方針として、グループ全体の事業拡大を推進する立場のB社は人員の拡充によってグループ企業に対して経営支援を行う立場をとっており、それに基づいた採用方針を立てている。特に第二新卒に対しては、総合職採用として実績を度外視したポテンシャル採用を行い、採用を推し進めてきた。

この方針が、先に述べた「多様な人材」の採用に繋がっている。大量採用をする際の採用コストを削減するために転職エージェントともやりとりを重ねている。労働市場におけるH社の世間的知名度の低さと、採用後の6ヶ月の研修プログラムの存在、そして、採用コスト削減の必要性の3点から、紹介料を割り引いてもらう代わりに、転職エージェントが持て余しがちな人材を採用するという手法を採っていた。

この「実績を重視せずに、人で判断する」という方針は、ホールディングス化を機に始まったものではない。創業当初から企業として人を育てて社会に貢献するという創業者の方針が現在も続いているることの現れである。事実、面接担当者が記入した「面談メモ」を見てみると採用の基準が如実に見て取れる。

面接の回数を経るごとに面接の担当者の職級が上がっていくのだが、採用基準は、1回目、2回目の面接の方が厳しい。一時期、採用チームと経営層の二者のみで採用活動を行っていた際には、あまりにも基準が低すぎて採用後に大量の離職が発生してしまったこともあった。

研修を進めるうちに「イメージしていた仕事と違う」など自身のイメージと現実とのギャップを感じて退職するのは当然として、入社式の日に退職届が提出されたり、事務職希望で転職活動をしていたので、総合職として仕事はできないとして入社後4ヶ月で退職をした者もいた。

そもそもB社にしても、その傘下のグループ企業にしても事務職の募集は行っていないにも関わらず、である。その他にも入社して2週間一切課題に手をつけず、ネットサーフィンをして辞めていく者もいた。第二新卒はそのカテゴリーの特性上、一度「退職」を経験している者も多く、新規学卒者に比べて「退職」というカードを切ることに抵抗が少ない。

転職活動をする中で、並行して他社の選考を受けている場合もあり、採用辞退をするケースも散見された。それが、採用数の目標達成を至上命題とする採用チームに重くのしかかり、離脱数にバッファを持たせる意味でも、採用の基準を下げて、採用人員を増やすことに繋がっていく。

さすがに研修を担当するチームも耐えかねてそれ以降は現場のマネージャークラスも面接の担当を

することになり、入職後即退職ということはかなり減少した。面接は「よほどのことがない限り採用する」という方針は「面談メモ」からも明らかであり、「相手の目を見て話す」、「質問に的確に答える」といったコミュニケーションの基本ができていない者も「現場の器量を試すいい機会」として採用されている。

それでもやはり「辞め癖」とまではいかないまでも、へこたれやすく「すぐ辞めてしまう研修生」が研修運用上ネックになっているのは事実であった。彼／彼女らの取り扱いについては、部署の方針によって明確に異なる。

三島の場合は、いままで再三述べてきたように、へこたれたからといって態度を軟化させることはない。研修がある程度進んでいる場合は、都度行われている個別面談でフォローアップをしており、逆に研修の初期で退職の意向を示してきた場合は、引き止めても無駄という判断で、本人の意思を尊重していた。

松本の場合は、桜木が指導の必要ありと判断した場合に、桜木と松本と対象者との三者で面談が設定され、進捗の遅い者については、採用、育成にかかるコストを伝えた上で、研修をやりきる覚悟はあるのか、その意思を問うていた。

上記二者の対応について共通するのは、「頑張りたい」と思っている人間には、アプローチ方法に違いこそあれ、現場での活躍を見据えた上で再起させる指導を行っている点である。それらと対照的なのが、B社の佐々木が行っている指導だ。

B社の佐々木は、A社の成員ではない。あくまでもA社に業務委託している研修業務のB社側の担当者という位置付けで研修業務に関わっている。佐々木は、研修生から退職の相談を受けた際に「研修終わるまでは頑張ろう、研修終わってそれでもダメならまた改めて考えよう。」と指導をしている。

B社は前述のようにグループ全社の採用育成支援業務を行っており、新卒／第二新卒の採用を一括して行っていた。当然、B社側の部署の達成目標は、採用数と各グループ会社へ供給する人員数に設定されている。「研修が終わったら辞めてもいい」と捉えられかねない対応は、相談をした研修生の引き止めには当然効果がなく、不信感を感じた研修生が、本来であればB社に相談するはずの事柄である退職や進路に関する相談を、A社のトレーナーに対して行うことも散見された。

無事に採用を終えて、入社をしても研修生にまつわる心配事は尽きない。特に本人の意向と能力、そして現場の希望する人物像の3点がミスマッチを起こしていることは、研修運用上の乗り越えるべき大きな課題だ。ＩＴ企業であるB社には、「手に職をつけたい」など未経験からプログラマーへのジョブチェンジを目指す第二新卒も一定数存在する。しかし、前述の通り、専門職への採用は新規学卒者が中心であり、第二新卒は総合職への配属が基本方針となっていた。6ヶ月間の研修中に適性を見極めて、本人の意向と能力が専門職に合致するようであれば、私自身が配属されていた研修運用の部署がA社内で本人の意向に沿うような部署に配属ができないか調整を行っていた。また採用の間口を広くとることで「とりあえず職が欲しい」といった層の人材も流入しており、本人の意向も能力もなく、現場の希望する人物像ともマッチしない研修生にいかに活躍する余地を見出すかといった業務も研修運用する部署の業務として、明文化されていないものの暗黙的に行われていた。

こういったミスマッチが頻繁に起きるようになった背景としては、やはり採用育成業務の音頭を取っているB社と、そこから業務委託されているA社という縦の関係で業務が進むようになったからであろう。企業としての経営方針や、ビジョンの話を差し置いて考えてみても、現場で業務に従事するものは常に成果を求められる。会社からKPIとして設定された数字をいかに達成するかが、その部門の命題であり、担当者の業績評価にも直接的に影響する最重要事項である。

これを今回のこの研修に当てはめると、B社の採用育成チームが持っているKPIは簡単に分けると、⑴採用人数と、⑵配属数の2つに分かれている。選考の敷居を下げて、もしくはミスマッチしていたとしても人の採用を決めてしまうのは、選考担当の認識の甘さというより、純粋に採用数が目標設定とされていたからである。

配属数とは採用した研修生の何％がカリキュラムを修了して現場に配属されたかを見ている。研修現場にトレーナーとして関わることのないB社は、メンタルヘルスや相談窓口として、離脱率を下げるための取り組みをしていた。しかし、B社でKPIと設定されているのは、あくまでも研修を終えるまでに何％の研修生が残っているか、であるため研修生からの退職の相談などもその意図が露骨に表れていた。

佐伯という研修生が昼休み中にトレーナーのところに来て、「B社のことで相談があります」といった。話を聞くとB社に対して「自分のやりたいことと研修の内容が合っていない」という旨の相談をしたそうなのだが、その時の対応に非常に不満を覚えたらしい。B社の面接担当は、佐伯に対して「研修終わったら辞めよう。研修だけはやりきろう。」と言葉をかけたそうだ。佐伯は自身の不安、自分の希望する仕事がちゃんとこの会社でできるのかを確認できればよかったらしいのだが、辞めるタイミングの話に終始したこの面談に非常に不満を持ったため、相談をA社のトレーナーに持ち込んだらしい。

Ｂ社の採用育成チームとしては、自身のＫＰＩに則った結果の行為であったのだろうが、それにしてもお粗末としか言いようのない対応である。佐伯だけでなく、他の研修生に対しても「メンタルヘルス」の面談で同様の話が行われていた。このように部署ごとに目標設定が分かれているため、取り組みが分断し研修生に対して一貫した指導や働きかけができなくなってしまったのが、この体制変更の大きな弊害であった。

このような状況を踏まえて、Ｂ社に諫言も行ったが、メンタルヘルスの内容を「Ａ社に漏らしたのは誰だ」と犯人探しをする始末であり、その後も特に改められることはなかった。このような問題が発生する原因は明確で、Ｂ社が研修の運用上主導権を持っているにも関わらず、研修の現場にいないことである。特に、日常的にコミュニケーションを取っていない故にラポールの形成が十分に行われない上で、進捗の管理や、メンタルヘルスを行っていることは大きな壁をＢ社と研修生の間に築く要因になっている。

研修生の悩みは、当然そのほとんどが研修での取り組みに起因するものだ。以前は、研修の運用を行なっていたトレーナーがその受け皿だったので、負荷の度合いをみて、プレッシャーを弱めたり、他の研修生に手を回してフォローするように働きかけたりすることができた。「相談」という具体的なアクションがなくても、業務時間中の取り組み姿勢などを観察することで異常を察することができた。

しかし、研修の現場にいないB社の担当者では、こういった臨機応変な対応をとることができない。「相談」というきっかけがないと研修生をフォローすることもなければ、相談を受けた結果として、プレッシャーを弱める、同期にフォローを促すなど具体的な対応を取ることもできない。結局、研修生が「何に困っているのか」が見えていないために一時的に問題を回避することもできない。

そういった対応は、個々人の経験としてではなく、研修生間で不満や愚痴の具体的なエピソードとして伝播し、研修生という集団の中に蓄積していく。時には、しばらく前に起きた出来事に尾ひれがついて世代を超えて伝承されていることもあった。

4. カリキュラムの改定

研修の体制が変わることに合わせて、そのカリキュラムも大きく変更が加えられていった。ここではその変更について詳しく確認していきたい。ここで扱うカリキュラムの変更を追っていく上で、便宜上カリキュラムを大きく3つに分けて論じていく。

第一が、三島体制下で設定されていた初期のカリキュラム、第二が、桜木体制に移行した際に退職率改善のために課題の難度を調整したもの、そして第三が、研修がB社からの委託業務となり、その質と量ともに大幅に手が加えられたものである。

本研修では、研修全体を通して目指す人物像と、それに向けた各課題で身につけるべき技能が明文化されている。第一の初期のカリキュラムについて、この当時の研修で設定されていた修了者の人物像は「将来の社内MVP獲得が目指せる次世代のエース」であった。この初期のカリキュラムは、研修の中に実務研修が含まれていることが特徴である。営業の研修では最終課題が実際に架電リストを作成し、テレアポから商談の流れを研修生一人で行う。規定回数商談を行うか、一件の契約を獲ることが修了の必須条件だった。同様にカスタマーサポートの研修も、実際に契約を結んでいる顧客からのサポート電話を担当し、その後の満足度アンケートで80%以上の満足度を獲得しなければならない。

そこに至るまでの研修の合格基準もその実践が想定されたものになっており、例えばテレアポのロールプレイング課題では「自身でスクリプトを作成し、アポイントを取ることができる」という設定がされている。その他の課題も分野問わず、各職務に従事するにあたって最低限な業務については配属後にすぐ取り掛かれる「即戦力」になることが念頭に置かれたカリキュラムとなっていた。

第二の桜木体制のカリキュラムは、それまでのカリキュラムに対して難易度の調整がなされた。まず研修全体の人物像については、前述したように松本の現場経験を重んじる考えに則り、「次世代のエース」から「上司、及び先輩社員のサポート受けながら各業務に従事できる」というように大幅な変更が行われた。

それに伴い、各課題のレベルも「スクリプトの作成方法を理解し、テレアポの流れおよび、その際に必要な最低限の製品知識を理解している」というように引き下げられた。まずここで、研修の仕上がりが明確に変わっている。初期のカリキュラムでは「できること」をゴールに設定していたが、このカリキュラムでは「知っていること」をゴールに設定されていることに大きな違いがある。当然、初期のカリキュラムで存在していた実際に顧客とのやり取りを要する最終課題も除外されている。

松本は、かねてより研修の期間を営業系の研修に費やすことを問題視していた。研修で営業の疑似経験を積むより、プログラミングや製品知識を身につけることを優先していた。というのも、営業での疑似経験はそのまま現場に適応することができないのに比べ、プログラミングや製品知識など技術的な話は、現場にそのまま活かすことができ、かつ業務と完全に切り離した方が体系的に学ぶことができるからである。

このカリキュラム変更がなされた際は、既存のトレーナーからも不満が出た。まず、「知っている」という合格基準の設定が曖昧であり、合否判定をする際の線引きが難しくなることが挙げられた。基準の曖昧化は、その分研修生への不合格理由の説明難度を上げることを意味しており、それが懸念されていた。このカリキュラム変更を研修部署の独断で、現場のコンセンサスを取らずに行おうとしていたことも懸念の対象となった。結局この問題は松本がA社の役員会に議案として提出し、理解を得ることができたがそれでもその際に現場から6ヶ月も研修をする意義を問われるなどの難色を示されていた。

実際に運用を始めた段階で松本の企図していなかった弊害が生じる。研修において最も進捗を進めることが難しい営業系の研修の簡易化は、研修全体の難易度を下げ、本来研修中で最も重要視されていたスケジュール管理やPDCA、報連相といったものの難易度までも下げてしまったのだ。

研修生は研修に取り組む中で、「エラー経験」を積むことがなく、6ヶ月を平穏無事に過ごしていく。この頃からすでに研修を修了した先輩社員や、各部署の部門長クラスから「ぬるくなった」という指摘が出るようになっていった。

第三の委託業務のカリキュラムは、この方向性をさらに先鋭化させたものである。ただし、研修簡易化の要因が、依然と決定的に異なる。この第三のカリキュラムへ移行すると同時に、採用業務がB社の取り仕切りになったのだが、以前と異なり採用数を達成するために、採用期間の取り決めを撤廃したのである。

今までは、年に3回、4ヶ月おきに研修生が20~30名入職してくるというサイクルで研修を回していた。研修のカリキュラムも当然この4ヶ月おきに入職してくるペースを想定して運用できるように設計している。

しかし、B社が採用を行うようになってからは、採用数の不足を取り戻すために、4ヶ月おきの採用を3ヶ月おきの年4回に変更された。

その際に「採用数が目標より下回った場合は順次採用を行い補填していく」ということも併せて通達された。結局2ヶ月おきに入職があったり、毎月入職する期間もあるなど不定期な人員の流入が起こることになった。

それまでのカリキュラムでは、そのようなタイミングで入職があることを想定していなかったので、同じ課題に研修生が集中し、研修課題に渋滞が起こることは明らかだった。第三のカリキュラムはそういった状況を踏まえて大量の研修生を「捌く」ために組まれたカリキュラムである。

　このカリキュラムの特徴は具体的に、⑴グループワークの導入、⑵合格までの試行回数の設定の2点が特徴として挙げられる。グループワークの導入については、主に研修の初めの段階に置かれている知識のインプットをするための課題で実施された。研修の初期においては、この知識のインプットをするための課題が、採点する側の工数を多く割く課題であり、研修生の進捗が遅滞しやすいポイントでもあった。

　その理由は、ＩＴ未経験社が多くを占めるため、製品知識以前に情報技術、特にクラウドサービスに関する事前知識から教授をする必要がある点が挙げられる。

　提出物の体裁などビジネス文章の作法などは、画一的に押せることができるものであり、研修生個別に対応する必要がないと判断されたためである。4～5人のチームに分けて、課題に当たらせることで、採点側は採点の工数を削減するとともに、研修生同士で「教えあう」ことによって学習効果の向上が期待された。

　合格までの試行回数の設定は、このカリキュラム変更で最も大きな変更点である。今までは、研修課題は、研修生側の努力で乗り越えるものであり、トレーナー側で設定した基準を満たして初めて合格をあたえられるものだった。しかし、今回の変更の肝は、合格までの回数を規定して、その規定回数までに研修生が当該の課題を合格できるようにトレーナー側が働きかける点にある。

間違えたところは答えを伝えて、その理由を伝える。研修生は回数を重ねていけば、トレーナーの指示を忠実に実行する限りは確実に合格できるようになる。3回で合格するために研修生が努力するのではなく、トレーナーが合格のためにやるべきことを明確に提示する、それまでの指導方法とは大きく異なるものだった。

結論からいうと、この第三のカリキュラム変更は、研修生を「捌く」という目的に関しては大きな成果を上げた。グループ課題については、一人でもリテラシーのあるものがいれば最初から水準の高い提出物が出されるようになり、合格回数の規定は、第二のカリキュラムの際の「知っている」レベル設定と併せて、その企図通りに合格までの試行回数を低減することに貢献した。

しかし、その反面、個々人が研修課題に対してじっくりと向き合って取り組むことが減少してしまいその後のロールプレイング系の課題で苦戦するという事態を招いてしまっている。グループワークの弊害として、最初から予期できていたことだが、やはりグループの中にフリーライダーを生むことになってしまい、ろくな知識の習得もないまま研修が進捗してしまっている。

グループワークの中で中心となって取り組んだ者と、フリーライドした者でその後の進捗が綺麗に二極化することになってしまった。結局、フリーライダーは、ロールプレイング系の課題などアウトプットを要する課題に差し掛かった際にまた最初から、知識のインプットをしなおさなくてならなくなり、さらに進捗を遅らせることになってしまう。

このように本研修でのカリキュラム改訂の変遷は、高密度化する研修生の入職間隔に対応するために、「求める人物像」を矮小化させていき、課題をどんどんと軽くしていく過程と見て取ることができるだろう。

研修業務は、企業に金銭的な利益をもたらすものではない。その取り組みは本質的に労働集約型で、したがって、経営側は労働のコストを最小にしようとする。そのような経営判断が研修の質を下げる。費用対効果が低いと判断され、またコストが削られる。本研修が陥っているのは、まさにこうした悪循環だ。

第五章　研修生の不満に耳を傾ける

1. 信頼の綻び

研修トレーナーにはリーダーシップが求められる。ミンツバーグも述べているように、インフォーマルな集団では、リーダーの「肉体的なパワーやカリスマ性についていく」（ミンツバーグ 1993: 100）。本項では、この指摘を軸に研修を統率すること、研修生から信頼を勝ち取ることについて考えていきたい。

研修生が皆一様にトレーナーだからといって敬意を抱いているわけでもないし、恐れているわけでもない。本研修を見渡すかぎりは、トレーナーという「役職」に付与されたパワーではなく、トレーナー個々人の個性や能力によるリーダーシップによる。

具体的にみていくと、次のことが考えられる。第一に、研修生の特性を、研修生との距離を適度に取りながらも的確に冷静に分析できる判断力が求められる。第二に、研修生との信頼関係を構築できる人柄である。第三に、研修生に優れていると思われる職務遂行上の能力を有している。そして第四に、研修生が抱えている内在的な悩みや問題を察知して聞き出せるコミュニケーション力を持っていることである。

これらを持ってはじめて、トレーナーは研修生からの役割期待を果たし、信頼を勝ち取ることができる。しかし、トレーナーと研修生との信頼関係の構築がうまくいかないことも多々ある。その理由は、第一に、研修生への画一的な対応にある。集合的な研修を行っているため仕方のないことではあるが、研修生の一定数は、ある程度「自分のことを気にかけてもらいたい」と思っている。

つまずきの多い研修で、うまくいかないときに声をかけてもらいたいが、誰に宛てたわけでもない全体への指示に終始すると「自分のことを見てくれていない」という感覚に陥り、信頼関係の構築が難しくなる。

第一期の鈴本、三島体制では、毎日の朝礼に多くの時間を割き研修生個別に進捗の確認を行っていた。各人の状況は三島が誰よりも把握していたし、その進捗に圧力をかけるのも三島のさじ加減だったので、研修生が「見てくれていない」という感覚に陥る場面は少なかった。

これが体制変更を経るごとに悪化していくことになる。まず、毎日の朝礼を廃止したこと。これは前項で述べた通り、厳格な進捗管理が退職率高騰の原因を捉えられていたため、「厳しい管理から主体性を養う育成」へと方針が転換されたことによるものだ。これにより、研修生個々人の進捗を仔細に把握することが難しくなり、さらにコミュニケーションを取る機会すらも減ってしまうことになった。結果、トレーナーからは研修生全体に指示を出す比率が、相対的に高まってしまい研修生は自分のことを省みていないという印象を持ちやすい状況が作り出されてしまった。

さらに企業の体制がホールディングス制に移行したのを境に、研修生の労務管理を持ち株会社であるB社が担当することになり、コミュニケーションの分断が起きてしまった。この体制変更における弊害については次項で詳しく触れていきたい。

このように画一的な対応をすることへの弊害は、個人の軽視に集約されるが、一方で、個人を見始めると研修生間での不公平感が増してしまうジレンマがある。トレーナーは研修生が数十名在籍しているのに対して基本的には4～5名しか在籍していない。トレーナーが業務時間中に研修生とのコミュニケーションに割ける時間は有限であり、各研修生が引き出せる満足は、無限に拡大できず、自分以外の研修生に割り当てられる時間に対する自分の時間との関係的位置に依るのである。ジョン・

アーリが「強制競争」と名付けた状況では、トレーナーの時間という有限な提供財に対して不平不満を生み出しやすい。トレーナーには、この全体と個人に対するコミュニケーションを柔軟に使い分けながら指導していく判断力が求められる。

第二に人柄の問題がある。本研修の研修生は、その入職経路から多様なバックボーンを持った個人が在籍をしている。それらに共通して信頼される人柄など皆無であろうが、多くの場合は「自身のこと、そしてその将来のこと」を親身になって考えてくれる人間を指導員の人物像に求めている。これは、鈴本、三島体制下で「Ｗｉｌｌシート」というキャリアプランを記載させる書類を元に面談をしていたことからも明らかである。鈴本と三島は、何よりも研修に臨む際の動機付けを重視していた。実運用上は「とにかくやれ」という方針だが、その根底には「自身のキャリアを築く」という不惑の目標が備えられていることが前提として存在する。

「Ｗｉｌｌシート」は入社日を起算日として、3年後、2年後、1年後、半年後、3ヶ月後と自身の目標を記入していくシートだ。特に3年後の目標については、A社から他所の企業に転職することを掲げても問題はない。その目的は、過酷な研修に取り組むにあたって目指すべき道標を作ること。「何のためにこんな辛い思いをしているのか」という問いに対しての答えを用意することである。そして、もう一つの目的は、配属先を選定する際に本人の意向を汲み取りやすくするためだ。

そうして「Ｗｉｌｌシート」に記載された内容を、三島や鈴本が面談の際に、A社で提供できる業務経験と縫合していく。例えば、「将来プログラマーとして仕事ができるようにプログラミングのスキルを身につけたい」という具体的なものであれば、「何故プログラマーになりたいのか」を仔細にヒアリングしていき、その上で、会社で提供できる職務の選択肢を提示する。「とにかくお金が稼ぎたい」という抽象度の高いものであれば、「成果が数値化されやすい、また転職先の選択肢が幅広い」という理由で営業職を推すなど、今の努力が自身の将来にどのようにつながっていくかの紐付けを行っていた。体制が変更してからは、この「Ｗｉｌｌシート」は使われなくなり、研修生と将来のキャリアプランについて話しをする機会そのものがなくなってしまった。

一応、初期の面談で入職の経緯や目的を部門長が聞くことはしていたが、関係性が構築できていない初期の段階では当たり障りのない回答が多く、また研修やその後の職務との紐付けをすることもしていなかった。この態度は、研修生からは信頼されるような振る舞いではないし、実際に「モノとして見られているように感じる」という研修生もいた。指導側の態度として、まずは自身の将来を考えてくれる人、これが研修生から求められる「信頼できる指導側の人柄」として浮かび上がってくる。

第三の職務遂行上の能力は、ことさら重要な問題だ。研修生、特に第二新卒は多かれ少なかれ思うところがあって、この会社に入職をしている。人によっては研修を受けるということが特別な意味を付与された出来事だからである。研修生は成長や機会を求めているのであり、そのために成長の質を低下させるように感じさせるものには極端に厳しくなる。研修生は、その研修の期間についてあらゆるものが指導の対象とされる。

それこそ、研修生の口の利き方、身だしなみなどの外見、人柄、服務姿勢全てが、指導側からの介入、管理のしかるべき対象として扱われることになる。この介入、管理が自分より能力的に劣ると見られているものから行われた場合、研修生がコントロール不能になり、早期の退職に結びついていく。これは、高い目的意識や能力を持つものに顕著な傾向だが、何の気なしに入職したものについても当てはまる。有り体にいってしまえば、研修生に舐められてしまうと、何もかもがうまくいかなくなってしまうのだ。

研修生から能力を見くびられないためには、いかに研修生に腹落ちをする形で指導ができるかにかかっている。聡い者ほど研修で教えられることについて、疑問を持ちやすい傾向にあるが、研修生が「違う」と思っていることを納得するように説明できるか否かがこの分水嶺になっている。

研修生の大杉は、エンジニアとしての業務経験を積むためにA社に入職をしてきた研修生である。大杉は、将来就きたい仕事が明確に決まっていたが、その仕事に就くためには関連業務の実務経験が必須だった。しかし、エンジニアを志望してITの会社に入ったにも関わらず、自分が関心のない営業職やカスタマーサポートの研修を強いられている現状に不満を抱いていた。そういった中で、営業の課題でダメ出しを受けた時に溜まっていた鬱屈が爆発した。「やりたくてやってるわけじゃない」。統括トレーナーの桜木に、何故自分にとって役に立たない無駄なことをしないといけないのかを問い始めたのだ。この大杉の質問と、それに対する桜木の応対は1時間以上に及んだ。

研修全体の建て付けについて、営業の課題で学ぶことが職務上でどのように活かせるのか、やりたいことだけが出来るわけではない仕事の現実など、様々な話しをした。しかし、桜木の話は、大杉には納得できるものではなかった。結局、大杉はこれを機に研修へのモチベーションを急速に失っていき、B社の不十分な対応が決定打になりシステム開発会社へ転職をしていった。

ちなみに研修の件は、A社の募集要項にも記載がある。応募時点で入職希望者が知りえている取り組みである。それでも研修が始まると突然、「開発がやりたくてこの会社に入ったから、営業の研修はやりたくない」といったエンジニア志望の研修生は常に一定数存在する。そんな彼らを、納得させ共通のゴールへ向かわせ、不安を取り除き、時に不満を抑圧することで統制していかなければならない。

特に分かりにくく、長く、つまらない話をしてしまうとすぐに研修生から「仕事ができなさそうな人」というレッテルを貼られてしまう。トレーナーは、研修生を評価する立場であると同時に、研修生からも評価、値踏みされている。これは、退職するタイミングで決まり文句のように「トレーナーを信用できない」という退職理由として立ち現れる。

これらの言葉は、ミンツバーグが指摘するのとは異なり、トレーナーという「役職」に付与されたパワーではなく、トレーナー個々人の個性や能力によって統率が形成されていることの証左であろう。ミンツバーグの指摘するインフォーマルなグループにおいて作用する肉体的なパワーやカリスマの効用は普段の研修の中にも見ることができる。

A社の研修は隔離された場所で行われているのではなく、営業部署など他の部署と同じ空間に存在している。オフィス自体が間仕切りの少ない構造をしており、壁を隔てているわけでもなく、机を挟んだ先に現場が存在している。当然そういった状況下では、研修生の自席での過度の談笑は指導の対象となる。

新体制になって以降、この談笑や取り組み姿勢に対する指導の回数や、現場からの苦情の件数が増えた。このことについて、三島体制時での研修生だった海原は「そりゃ今研修生がうるさくなるのは仕方がないと思いますよ。怖くないじゃないですか、今の研修って。昔は鈴木さんがすぐ近くに怖い顔をして座っているんですよ。怒らせたらヤバいって思いましたけど、（今は）そういうのがないからじゃないですか。」と指摘をしていた。

鈴木は身長が180㎝以上でしっかりとした体格をしており、また強面である。組織社会が充分になされておらず、フォーマルな集団となりきれていない研修という集団ではミンツバーグの言うように肉体的なパワーが作用している。研修生の逸脱行為に対して、このような抑止力を働かせられる効果は研修生からの反感を抑えるのに一役買っている。海原以外にもほとんどの研修生が異口同音に鈴本や三島を「怒らせてはいけない」と畏怖の対象として見なしている。

研修生は、指導されることに対して少なからず反感を覚える。それはどんなに研修生に非があったとしても、どんなに指導の仕方に気を遣ったとしても変わらない。ゴッフマンが指摘するところの「フェイス」が潰されていることには変わりないからだ。

しかし、旧体制の場合はその「フェイス」が脅威に晒されることはない。研修生側が鈴本を「怒らせてはいけない対象」として認識して自己防御のために逸脱行為を自制するからである。事実、旧体制下でも鈴木と三島が席を外している際は、研修が途端に談笑を始める光景がよく見られた。指摘するまでもなく、研修生が自制するからこそ、こちらとしても指摘する必要はなく、結果として指摘されない以上、研修生がこちらに反感を覚える機会が減少するのである。この研修生の動物的な行動は、現場から「幼稚園」、「動物園」などと揶揄の対象になっていた。

研修を初めて数ヶ月が経つと、研修生側からも研修の運用に対して様々な物言いがつくようになる。特に研修に関する報連相の際に経験したことについて言われることが多い。特に多いのが、桜木の研修の段取りと、B社の面談についてだ。

桜木は、前任の三島と比べても大量の業務を抱えている。鈴本、三島体制の時には存在しなかったステークホルダーとの調整や、渉外業務がその原因である。以前は、北野と鈴本に対しては、研修の成果を担保に報告系の業務を極力単純化していた。研修の方針策定などについても裁量権を持っていたため特に外部調整するような業務もなかったが、現在桜木はA社の経営陣、そしてB社の両方に対して、報告や調整を行う必要がある。これらの業務はインフォーマルなものではないため、報告書類の作成なども付随してくるためさらに桜木の時間を圧迫していく。

結果として、日中の業務時間にも打ち合わせや、報告書類の作成に追われることになり、桜木が担当している課題の添削に大幅な遅滞が発生している。桜木に対しては、こういった課題採点の遅さをやり玉に挙げて研修生から非難の声が挙がっている。それだけならまだしも、研修生との約束を履行しないことなども研修生が不満を募らせる要因だった。

研修生から課題の添削の待ち時間が長すぎることに対する苦言を直接言われた際も、善後策として課題の時間をしっかりと決めて取り組むことを決めて、それを全体に周知するなどの対応をしたのだが、その直後にB社からの打ち合わせの呼び出しで、その日の添削対応ができなかった。このように自己のコントロールできる範囲外の外的要因で研修生との約束を違えてしまうことが頻繁に起こっている。

しかし、それを不可避のこととして研修生は許容してはくれない。何しろ、トレーナー側が研修生に少なからずスケジュールやタスク管理について指導を行っているのだ。「人に言う前に自分のことができていない」とまで不満が出てくる始末である。

B社が月に一回行っている進捗報告会も研修生からの評判はよくない。今までも繰り返し述べてきたが、研修のカリキュラムに対する理解の浅さが、研修生からも見え透いてしまっている。研修の進捗に苦戦している者が相談しても具体的な案が出てくるわけではなく「がんばろう」という言葉しか出てこない。進捗の遅れを指摘している際も、聞いている側の研修生からすれば的外れな指摘が多い。その場での発言が、A社のトレーナーと食い違うものもあるため、研修生は余計に混乱してしまう。

そんな状況の中で研修生は誰の指示に従っていいのかわからず、ただ遅れていく進捗に対して叱責をされていく。そのような環境下では、信頼関係の構築などできるはずもなく、言葉を交わすごとに距離が離れていくだけである。

研修生に限らず、新しい集団に入っていった者は、いつも、そしてどのような組織であっても、右も左もわからない状態に置かれる。それは、A社に入職してきたIT業界未経験の者でも、まったく別業界の他の企業に入職した者でも、あらゆる一年生がそういう目にあう。今まで積み重ねてきた知識や経験、規範といったものが何一つ適応できず、代わりに根拠があるかも分からない、組織内のローカルルールやしきたり、規範、評価基準、「常識」などが容赦なく降りかかってくる。新たに学習をしなおすしかない状態こそ、人の学習能力が最大限発揮されるかもしれないが、そうした状況がとてもストレスになることも事実だ。だからこそ、そのストレスを与えるストレッサーとの間にはある程度の信頼関係が必要であり、それが崩壊してしまえば、研修は効果がなく、研修生にとっても辛いだけの時間となってしまう。

このように鈴本・三島体制であっても、松本・桜木体制であっても、程度と強度の違いこそあれ、研修生は多くのプレッシャーに晒されている。特に、スケジュール管理、タスク管理など自己マネジメントに慣れていない者は研修中に折れてしまいがちだ。

前述したように研修で行うスケジュール管理は、6ヶ月後の研修完遂を最終目標に置かれている。そこから3ヶ月後、1ヶ月後、2週間後、1週間後、3日後、今日というふうにブレークダウンしていく。松本・桜木体制に入ってからは、朝礼でこのスケジュール管理、タスク管理を行わなくなったため上記のようなスケジュールの立て方だけを最初の講義で伝えて、後は各自取り組みをするように促していた。しかし、朝礼でトレーナーがスケジュールを管理し始めると途端に研修生への負荷が跳ね上がる。

研修生はそもそもこの研修で求められるスケジュール管理、タスク管理の方法を体得していない。指導側は当然、スピード感を持って業務に当たるようにかなりタイトなスケジュールの報告を要求してくる。自己マネジメントに慣れていない研修生が折れてしまいがちな理由は、このトレーナーのスケジュールに対する認識と自身のスピード感との乖離にある。

トレーナー側が研修のスケジュール管理を行う際は、⑴最短でスケジュールが組まれているか、⑵スケジュールに根拠と妥当性があるか、の2点を注視している。まず、研修生のほとんどが、日付に根拠がなく、かつ余裕をもってスケジュールを立ててしまいがちだ。それぞれの課題にどれだけの時間がかかるのかイメージができておらず、1ヶ月後、3ヶ月後といった長期的な視点でスケジュールが立てられないため、近視眼的に今週、来週とりあえず取り組むといったスケジュールを引いてくる。

結果、研修初期は、トレーナーによって研修生が最初に引いているスケジュールは全て引き直しを指示されてしまう。研修生は、次のミーティングまでに報告をしなくてはならず、本来研修課題にあてる時間を割いてスケジュールを引き直す。当然、トレーナーから指摘をされないようにそれぞれの課題に対して、「なぜその日までに終わらせる必要があるのか」、「他の課題よりもこの課題を優先させているのはなぜか」を説明できるように計画を練らなければならない。自己マネジメントに慣れていないものは、このスケジュールの根拠を考えるのが決定的に遅い。そうして時間をかけてスケジュール構築をしていると、周りの研修進捗からさらに遅れが生じてしまう。そして、その遅れを取り戻すためにタイトなスケジュールを組み、ミーティングでトレーナーから指摘を受けてスケジューリングの見直しを迫られ……と悪循環に陥ってしまう。

この悪循環と、過度な負荷は研修の制度上設計されたものであるとはいえ、研修生の心身を確実に蝕んでいく。スケジュール管理やタスク管理を突き詰めて実行すると、このように際限なく研修生が追い込まれていく。これは、進捗の遅い者も、早い者も同様だ。遅い者はトレーナーによる外圧で追い込まれていき、一方で早い者は自身で自身を追い込んでいく。そうやって突き詰めていった中で、いずれ限界に達し、身体なり、心が悲鳴をあげる。トレーナーは、その悲鳴があがらないよう、限界をむかえないよう研修生の様子を注視し、プレッシャーの強度を調整する必要がある。

一方で、職場にはアンダーライフがあり、そこが人間関係においての緩衝地帯、即ち遊びになる。研修生は、そうした緩衝地帯を利用しながら、このプレッシャーと付き合い、いなしている。

ここでいう緩衝地帯、遊び場とは、化粧室であり、喫煙所であり、飲みの席である。化粧室は、研修生が最も頻繁に用いる緩衝地帯だ。研修課題に関する情報の共有や、業務時間にあったことなど他愛のないものを含めて様々なコミュニケーションが取られている。ここで取られているコミュニケーションは、研修生同士の同質的なものであり、研修を進めるための、また入社間もないタイミングであれば互いのことを知るためのコミュニケーションが取られている。研修生はここで横の紐帯を構築し、プレッシャーに立ち向かう為のつながりを作り上げていく。

喫煙所でのコミュニケーションは、当然出入りするのが喫煙者のみであるため、対象者は限定されるがそれでもこの研修のアンダーライフを語る上で欠かせない要素だ。化粧室でのコミュニケーションと異なり、ここでのコミュニケーションは同質的なものではない。どちらかというと先輩社員同士のコミュニケーションを観察できる場所であり、先輩社員から声をかけられる場所である。

研修生はそこで、研修というある種現場から切り離された領域からでは、感じることができない現場にいる社員の人となりを感じることができる。喫煙所での先輩社員同士の話題は、仕事の話やそれまでのミーティングの延長の話が多くを占める。そこで繰り広げられる話を端から聞いていることで、具体的に現場でどのような仕事をしているのか、そこで何が起きているのかを断片的に感じ取っていく。研修生によっては、先輩社員に現場での業務について質問をするものもいる。

そうやって、研修の後の現場のイメージを構築していき、自身の中で目的や目標を再構築していく。一方で、先輩社員から声をかけられることもある。過去に研修を終えた元研修生であれば、研修で直面している困難に対しての相談を、もっと上のレイヤーの部門長クラスであれば、配属後に研修生が携わる業務についての話などをざっくばらんに話していく。

特に過去に研修を終えた先輩社員は、「自分で考えろ」と突き放されることが多い本研修において、ほぼ唯一研修の進め方について「助言をあたえてくれる存在」であり、研修生がどん詰まりになるのを防ぐのに大きな役割を果たしている。

そして、緩衝地帯の中でもっとも特殊なのが飲みの席だ。これは研修生同士の飲み会ではなく、非公式に行われる社内の懇親会への参加を指す。本研修では、その最初期から研修生と既存社員の接触を禁止してきた。それは、研修生に対しても、社内の既存社員に対しても同様にアナウンスされている。しかし、そのような状況の中でも、A社の役員である藤木は、トレーナーにわからないように水面下で研修生を集めて懇親会を頻繁に開催している。

懇親会の参加者は、役員である藤木と、藤木と関係の深い部門長クラスの人間、既に研修を終えて現場で活躍している社員、そして現役の研修生で、通称「藤木会」と呼ばれている。この懇親会で行われるコミュニケーションは、他の緩衝地帯で行われるものとは全く異質なものだ。ここでは、先輩社員が研修のトレーナーのことを笑いの対象として話題にあげる。例えば、トレーナーのことを「あいつは今は偉そうなこと言ってるけど、新卒の時は全然だったよ。」や、「かわいい奴なんだよ。」などといったように過去の失敗談などを研修生に語る。トレーナーが、研修生の前で指導者として取り繕っているフェイスが、この懇親会では完膚なきまでに崩されてしまうのだ。そして、「あの時のトレーナーに比べたら、お前（研修生）の方が見所があるよ。がんばんなよ。」と発破をかけている。

この懇親会でのやり取りを通じて、研修生は「研修で失敗をしてもいい」ということを思い出す。日中の業務時間では、ほとんど失敗は許容されない。前述の通り、それは「エラー経験」として成長するきっかけとされており、同じ失敗を繰り返さないために対策を練ること、そしてその取り組みを繰り返すことこそ、ＰＤＣＡサイクルを通じた成長循環であるとされているからだ。

トレーナー側としては、失敗をすることに抵抗感を持たなくなってしまえば、研修の規律も成長のきっかけも失われるため、失敗は厳しく指摘する。しかし、その指摘は、繰り返すごとに研修生から余裕を奪っていき、追い詰め、活き活きとした能動的な取り組み姿勢を奪い去ってしまうことに繋がりかねない。トレーナーが様子を見ながらさじ加減を調整して指導するといっても、本研修のトレーナーの研修生への関わり方は、本質的には研修生を追い詰めるものなのだ。

懇親会では、このプレッシャーから解放される。役員という経営層の人間、単純にトレーナーよりも序列の上位に位置するものが、トレーナーの失敗談や、からかいを面白おかしく話すことで、研修生はこの会社が失敗を許容しない窮屈な会社ではないと認識し、研修における高いプレッシャーに対する避難所があることを学ぶ。

こうした同じ階層や異なる階層の人間と紐帯を構築していくことで、研修生は身体や心が軋む前にそのはけ口や、会社へ行くことの楽しみを見つけ出す。このアンダーライフについては研修を指導している側は完全に関知しない。表立って行われれば、藤木に対して配慮を求めるが、事実上黙認をしている。

研修のプレッシャーから完全に解放されたところで、研修生は余裕を取り戻し、辛い研修を乗り越えるための楽しみを見出す。一方で、これらの緩衝地帯は全て紐帯の構築に依るものであることを留意しておきたい。そもそもこの紐帯を築き、コミュニケーションの輪に入らない限り、ここで紹介したアンダーライフの恩恵にはあずかれないのだ。

元来、そうした関係性構築の苦手な研修生は、そういった緩衝地帯が得られず余裕を失っていく。そうした場合は、元々ある会社外の人間関係か、トレーナーのさじ加減のみに頼ってしまう。

先輩社員など周りの目があるので、声を潜めなくてはならないような話題は避けられるが、それでも周囲の目を感じることができない研修生などは、先輩社員がいる前で会社のことを公然と批判してしまう。

それまでの研修とは異なり、新体制においては研修を複数の会社が横断する形で行っていくことになった。具体的には、企画、育成、配属、メンタルヘルスを一括で行っていたものを、B社が企画とメンタルヘルス、A社の研修部門が育成、同じくA社の役員が配属といったように3つに分担して行う形になった。

2. 分断と弊害

前項で述べた信頼の綻びの一端がこの分担にあるが、結論からいってこれは分担ではなく「分断」といって差し支えない一貫性のない研修体験を研修生に提供してしまっている。順を追って、「分断」が起きる前後で、何がどのように変わったのかを見ていこう。

まず研修の企画がB社に移ったことは、言うまでもなく研修の方針が根底から覆ることを意味している。B社の事業内容は「グループ会社への経営支援」である。経営支援を果たして成果を出すためには前任者と同じ施策をすることは基本的にはない。現行の運用上の問題点を指摘し、それまでとはやり方を変えることで、成果を生み出そうとする。これは責任者が変わった場合、企業においてはよく見られる光景だろう。基本的には踏襲はされず新しい方針の下で、新たな施策が敷かれるのは企業における政治的な意味合いが強い。本研修の場合は、それが研修の方針を変更することに現れた。

前提として、この体制変更の後の入社が確定している新規学卒者と、それに続く第二新卒の採用目標数が過去最大の人数であること、それに対してA社の研修部門の人員に増員がないことに触れておきたい。B社にとっては「如何に研修生を伸ばすか」ではなく「如何に研修生を捌くか」が目下の課題であり、それを解決するための施策である。これはB社の採用・人事支援部がもつKPIが、採用数と研修の達成率、そして研修中の退職率の3つに定められており、配属先での貢献度は指標から外れていたことも無関係ではないだろう。

まず掲げられたのは、松本と同様に研修生に極度のプレッシャーに晒すこと避ける方針である。その際に如何に研修生の規律を維持するのかという問題に対しての答えが、「世界観研修」と呼ばれるB社側責任者で、同社の副社長を務める三島の講義だった。

目的としては、「働くことの意味を本質的に理解することで、高いモチベーションで研修に臨めるようにする」というものである。言って聞かせたとしても考え方や行動が変わらないという、三島や鈴本の方針と真逆の取り組みである。一回の講義で約2時間、それが定期的に行われる。研修生はその講義の内容と感想を二千字のレポートにまとめて提出をする。

B社の採用・育成支援部から提示された資料には、研修の改善をするための鍵として「伴走型教育」や「反転教育」など取り組みが紹介されていた。「伴走型教育」とは、それまでの三島の指導方法との対比で用いられた造語である。研修生を「突き放す」のではなく、「寄り添って」研修を進めていく方針を言葉にしたものだ。この際の想定は、A社のトレーナーは課題を与える試験官であり、その課題を乗り越えるためにB社の担当者がスケジュール管理などにアドバイザーとして協力するということが謳われていた。

もう一方の取り組みである「反転教育」は、学校教育において行われる授業形態の一つで、予め授業前に知識習得などのインプットを行い、授業では習得した知識の確認や、その活用をアウトプットとして行うものを指す。

それまでロールプレイングをはじめとした課題への取り組みは個人的な取り組みで、当たり前の話だが、課題への指摘事項はその取り組みの後に伝えられていた。この反転教育での取り組みでは、最初に指摘事項として挙げられるものを事前に研修生に周知し、それに向けた取り組みを集合的に行うことを旨とした独自のものだった。

これらの取り組みをもって、研修の退職率を改善し、教育の効率化を図り、より省リソースでの研修運用の実現を図るこのB社の企画には、いくつかの問題がある。

まず、伴走型教育については、伴走役であるB社の担当者が、研修のカリキュラムについての知識がなく適切なスケジューリングの指標を持てていないこと、そして伴走しようにも面接や学校への説明会など他の業務で研修に関わる時間が持てないことが挙げられる。研修生への細やかな進捗管理などはこの担当者の専任業務とされていたため、運用側のA社のトレーナーが介入することもできずに研修生のスケジュール管理が完全になされていない時期が発生してしまった。

結局、新体制を運用して3ヶ月ほどで日々の伴走を諦めて月に一回の進捗報告会で確認するという方法に改められた。この報告会も結局は報告を受ける側の担当者が各課題の内容や重さを理解していないため、スケジュールの根拠を説明するのにその時間の大部分が割かれてしまっており、研修生からは「時間の無駄」とまで言われてしまう始末だった。

日頃の取り組みを見ていない人間から進捗の報告を求められるのは、やはり無駄なやり取りが増える傾向にある。例えば、課題を出している側のトレーナーであれば、研修生個々人の得意不得意や研修への取り組み、知識の定着度がわかっているので、報告しなくてもよい部分が、この報告会では必要になってくる。相手に現状を理解してもらうまでの手間が旧体制の時と比べて圧倒的に高くなっているのだ。

次に反転教育についてはそもそも研修を運用する側のA社の研修部署にそのノウハウがない。この点が問題である。しかし、新体制での研修を開始するまでに2ヶ月を切ったタイミングで行われたB社とのミーティングで決定事項として「通知」された。そもそも反転教育を行うには事前のインプットを行うための教材などが必要であるが、本研修はその起源に反転教育という考え方はない。テキストはそのようにできていない。

結局、受け入れまでに反転教育を行うための準備はできず、課題の中で予習できそうなものを切り出したり、課題をグループワークにするなどして対応をしていた。この取り組みは完全に企画書上で言葉だけが先行していたと言わざるをえない。企画したB社の担当自身もその職業キャリア上で教育に携わったことがあるわけではなく、インターネットで見つけてきたものを企画書に載せてきた形だ。

研修に携わる者が誰一人として反転教育に精通したものはおらず、グループワークと混同したり、ただ宿題を課すだけになったりと現場の混乱を引き起こすことになった。

こういった企画と運用の不一致が、後に触れる連携の不足として研修生の離職の理由の一つに挙げられる不信感を醸成する一因になってしまった。

研修生の籍がA社からB社に変わっているため、労務管理もB社の管轄に移っている。B社では2～3ヶ月に一度、全研修生を対象にメンタルヘルス面談が行なっている。ここで強調をしたいのが、この変更によって研修生が明確に「研修の外」へ相談するチャンネルが開かれたことだ。以前の体制では、三島がその役割を担っていた。前述のように「質問相談枠」という業務時間外の相談枠によって研修生の相談に乗るという形式をとっていた。そこでは業務時間内の指導とは異なり怒られるようなことがないとはいえ、ストレッサー自身に相談するという構図自体は変わらなかった。

今回は、研修の現場にはいないB社の採用・人事支援部が相談相手になることで、純粋に「つらい」という思いを吐露する場としてメンタルヘルスとしての機能が期待された。運用開始してからの成果としては、研修生からの不満がより上がりやすくなったことが挙げられる。

同期間の研修への取り組み姿勢に対する不満、トレーナーの振る舞いや指示に対する不満など実に様々な不満が出てくるようになった。全ての不満を拾えているわけではないにしろ、研修生が研修に臨むにあたって何を考え、感じているのかが汲み取りやすくなった。B社はそれらの中でトレーナーに対する不満をA社の研修部署に共有する。それ以外の話は、プライバシーの問題などもあり、基本的にA社の研修部署には下りてこない。こういった情報共有を元に研修の改善を図ることを目的にこの取り組みはスタートした。

問題なのは、B社で話を聞くことはできても、そこで伝えられた問題に対して適切な対処ができないことだ。例えば、ある晩女性研修生の石原に対して、面識のない男性社員が電話をしてきたことがあった。石原はすぐにB社に相談をし、男性社員は厳重注意を受けることになったが、男性社員に対して生理的嫌悪を抱いていた石原は、「同じ空間にいることが堪えられない」と訴えた。ここでB社がとった措置が、席の向きを反対に変更することで、石原の視界に男性社員が入らないことにすることだった。結局同じ空間にいることは変わらず、石原はそれまでの研修に対しての不満の蓄積もあり退職を願い出た。

メンタルヘルスを行っているB社の担当者もカウンセリングの経験や、資格を持っているわけではなく、このメンタルヘルス面談でのやり取りが研修制度そのものへの不満を蓄積させる要因にもなっていた。そういった場合は、結局B社ではなく、A社のトレーナーに再度相談という形で研修生が話を持ってくる有様であり、実務を受け持っているA社の研修部署の方で対応するケースも多い。特に退職の相談をした際に吉田からは「研修が終わってから辞めるかどうか決めよう」、「研修が終わるまでは頑張ろう」と言われ続けるのみで、この対応が退職を決意させる要因になったケースも少なくない。これは前述の通り、B社の採用・人事支援部の目標数が採用数と研修の達成率、そして研修中の退職率に設定されていることと無関係ではないだろう。事実はどうあれ、研修生からは「B社の目標達成のために慰留されている」と見做されており、取り組みの目的とは逆に退職を誘引する結果を生んでしまっていた。

そもそも吉田はB社がホールディングス化したタイミングで中途採用された人員である。A社での業務経験はなく、研修で悩む研修生に対して、研修後に配属される職務とキャリア展望を紐付けて語る術をもっていないことも研修生からあがる不満の要因の一つだった。

この取り組みで大きく変わったことは、紛れもなく不満が声として形に現れるようになったことだろう。それまでの三島の体制では、主要な不満の対象である三島自身が研修生の相談に応じていた。当然、そこには権力関係が存在し、言えない不満もたくさんあっただろう。当時三島体制下の研修を受けていた小原は、「不満がないわけではなかったですけど、そんなの言えなかったですよ。」と語っている。

一方で、現在の運用では不満を口にできる機会が定期的に持たれている。重要なのは「不満があれば相談できる」のではなく、定期的に「不満の有無を確認される」ということだ。そうして、「ある」

と答えた場合には、実際に何が不満なのかをヒアリングされていく。このやり方の問題は、研修生が不満として伝えたことに対して具体的な対応を求めてくるようになったことだ。

以前は、不満を吐き出す先がなく、同期間で愚痴として吐き出すか、自身の中で飲み込むしかなかった。しかし、現在は立場上、状況をコントロールできる人間がその不満を聞いている以上、研修生は不満の解決を求めて相談をしているケースが多い。研修生が求める水準での解決をできなかった場合、前述の石原のように会社の対応を諦めて、別の働き口に解決を求めることにもつながってしまっている。

研修の指導を担当するトレーナー自身には状況として相談ができないが、かといって研修の指導に関わっていない外部の人間が相談に乗っても具体的な解決が図れないというジレンマが存在する。B社自身がその研修の場に居合わせていないことから、研修生の不満の是非を判別することが難しく、「とにかく研修生が不満を持っているので改善してください」と盲目的に研修生の肩を持ってA社に要望を出してくるケースもあった。これは、研修の指導として意図的な負荷をかけている際にも同様であり、A社の研修部署は、都度B社に対して指導の方針や方法について説明をする必要があり、業務的な負荷が発生してしまっている。

最後に配属について触れておきたい。ここでの「配属」とは「研修を終えた後にどのグループ企業に転籍をするか」という話ではなく、その先のA社において「どの部門に何の職種で配属されるか」を指している。

旧体制の配属先選定を確認しておくと、三島が修了を控えた研修生の適正と本人の希望、そして予め部署から出されている人員配置計画とを勘案して配属先を決定していた。研修生の人間性も考慮しながら部署の空気や部門長の指導方針と適合するかも含めて、配属先とすり合わせを重ねながら判断をしていく。

一方で、現体制では役員二人が修了を控えた研修生と面談を行い各人の希望を聞いて配属先を決めている。一応、研修を担当していた部署からも研修生の適正を考慮した上での配属案を提出しているが、そのほとんどが役員2名によって書き換えられて最終決定とされてしまうことが多い。この研修生の顔が見えていない役員による配属決定は、基本的に会社の計画に則って下されている。

30歳で第二新卒として入社してきた菅原は、正社員としての雇用歴がなく所謂「サラリーマン」として就業するのが初めてであった。本人は、これから新規開拓営業として現場で経験を踏みキャリアを構築すること望んでおり、そのため経験のあるベテランのマネージャーの下に配属されることを気強く希望していた。菅原は、営業研修をはじめ他の課題の進捗も優秀だったため、本人の希望通りに新規開拓を積極的に行っており、営業としても経験豊富な西川がマネージャーを務める部署への配属を推薦した。

しかし、役員の二人が出した決定は、本人の希望、そして研修部署の推薦と真逆の部署への配属だった。配属先に決定した部署は、既に契約のある顧客から売上創出を図るルート営業の部署であり、その部署のマネージャーである秋山も菅原が配属される2ヶ月前に昇格したマネジメント未経験者である。秋山は2015年に本研修を修了した第二新卒であり、営業の経験は3年ほどしかない、年齢も菅原より下であった。

配属先の通達を受けた菅原は肩を落として「別に研修の成績が優秀だからって自分の配属希望が通るとも思ってなかったですけど、流石にちょっと参りますね。何のために頑張ったんだろうって……」と、トレーナーに漏らしていた。

後でトレーナーに開示された配属先決定の書類を見ると、菅原の配属理由が「いままで研修の優秀卒業者を配属していなかったため、エース級として活躍できる人材を配属する」となっていた。研修での取り組みが評価されての配置ではあるが、本人に配属についての説明をする機会など当然設けられておらず菅原自身もその意図を知る術はない。

これはあくまで一例であるし、役員が配属先を決定する現行の運用のすべてが研修生の不興を買っているわけではない。会社は研修生のために存立しているわけではなく、人員の配置はあくまで会社の方針に則って行われるべきである。しかし、だからこそ配属にはミスマッチを防ぐ、またはその差を埋めていくための取り組みが付随するべきであり、菅原のような例は研修生と一番触れ合っている研修部署が配属先の選定にイニシアチブを取れておらず、本人の意向を充分に汲み取ることができていなかったからこその出来事であろう。

研修の体制は刷新されて、それまでワンストップで提供されていた「研修」という取り組みが分担されてきた。それにより当初の目論見とは異なり様々な弊害を生じさせてしまっている。この「分断」は組織構造が改変される際に業務の棚卸が充分になされなかったこと、また関係各所が連携をうまくとれていないことに起因している。研修全体を見渡し、リーダーシップを取れる人間の不在は研修にまつわる情報が散在を促し、それを補うため部署間の意思疎通の困難さを浮き彫りにした。

研修生は明確な指針を示す人間が不在の中で、様々な立場の人間から様々な指示を出される状況にある。その中で、賛成や反対もできない不明瞭な体制に対して「不満」が蓄積し後述の離職の根拠となって研修生の行動に表れていく。

こういった状況を脱するには、研修に関わる各部門、そしてその各人が統一の目的の下に有機的に連携していく必要があるが、その連携が改善する兆しはまだ見えない。特にB社とA社のKPIが衝突する現構造では、その連携の成熟には多くの時間を要するだろう。

その運用を円滑に、より実り多いものにするためには研修生からの信頼を得ることが不可欠である。そのために指導側の振る舞いとして重要なのが言行の一貫性である。ここで統括トレーナーである三島と桜木の振る舞いについて改めてまとめて比較を行いたい。

三島の指導はブレることがない。指導方針、指導内容は変わらず常に一貫している。また既に述べている通り「Will シート」に基づいて、研修生の意向やキャリア展望と研修が地続きであることを意識させる取り組みを重視していた。また外圧に対しても上長である鈴本と連携しながら他部署と調整をとり、研修生から研修の取り組みにたいする意見、反論があったとしても正面からねじ伏せることができるよう、研修の筋をしっかりと維持していた。この方針の一貫性は強固であり、退職者が続発したり、研修生から「パワーハラスメント」として人事部に対して内部通報が行われた際も、研修の意図、そしてその運用の正当性を説いてスタンスを崩すことはなかった。また三島はその業務時間外も含めた全ての時間を研修生とのやり取りに費やし、徹頭徹尾「研修生の進捗が最優先である」という姿勢を貫いていた。また、当然そういった際にエビデンスが残るようにセンシティブなやりとりについては、車内で用いられているグループウェアを通じて行われていた。

桜木の指導は、三島のそれと比べて外部環境の変化のせいもあり、方針の変更を何度も余儀なくされている。研修が委託業務化することにより、B社の意向で指導方針、指導内容が変わってしまうことが多かった。また大量の研修生をより効率的に指導する必要性から「Ｗｉｌｌシート」を廃し、個人の意向を汲まず、「社会人として」という画一的な在り方を説いて、研修への取り組み姿勢を指導する。

研修生から研修に対しての意見、反論を説き伏せることもできず、実態と違う説明をしていたことが露呈してしまうこともあった。また関係部署が増えたことにより、対外的な調整や打ち合わせの時間が増えたことによって、研修生とのやり取りする時間にも大幅な制約がある。社内の打ち合わせで研修現場にいない時間が多く、桜木が担当する課題や、ロールプレイングの多くが数週間単位の遅延、リスケジュールが頻発してしまっていた。

特に研修生の配属計画に関する関係社外秘の書類のデータを、誤って研修生が閲覧できる場所にアップロードしてしまった際は、研修生から大きな反発が起こり、事態の沈静化に大きな労力を割く結果になってしまった。B社では、例年4月入社の新規学卒者は情報系の大学、および専門学校から専門職枠として多くの人員を採用しており、募集職種にも「開発職」である旨が明記されている。しかし、その内部書類には、開発職として配属する枠が少なく、大半の研修生が営業職として電場に配属される計画が記載されていた。この時は、退職を防ぐために配属計画そのものを見直し、開発職志望の研修生は皆開発職として配属できるように会社の計画を見直しすることで問題を決着させた。しかし、この件が研修生の会社への不信感を募らせたのは言うまでもない。

3. 進捗の鈍化

新体制では、その発足当初から研修の効率化と退職率の低減が掲げられていた。現場でOJTとして学べるであろうものは積極的に研修のカリキュラムから削っていき、スリム化していく。

研修生に多くの「エラー経験」を積ませて何がダメなのかを考えさせるそれまでのやり方とは逆に、褒めて気づきを与えることで自発性を伸ばしていく。方針書の中にはそういった説明が記載されていた。

そのような方針の下で行われた2017年度新卒社員の研修結果は、12人中6名が規定の課題を終えられていない「未修了」という歴代でも最も低いものだった。研修のカリキュラム上でも課題の数は減り、残った個々の課題の基準値も引き下げられているにも関わらずこのような結果に陥ったのは何故かであろうか。

一番の理由は、進捗管理の在り方が変更された点にある。新体制下においては、研修生の自発性を創発することにより、一人一人の研修生を指導するトレーナーの労力を低減させて現行のリソースのままより多くの研修生を指導する体制を整えることが企図されていた。研修の過程においてPDCAサイクルの習得自体は残されていたものの、旧体制と比較して新体制でのPDCAの介入の仕方は大きく異なる。三島体制下と異なり、その介入の強度と頻度が大幅に低減されている。

まず、PDCAサイクルの回し方とスケジューリングの基本的な考え方を説明し、その後の進捗の計画については、基本的に研修生に一任する体制をとっていた。計画（Plan）のタイミングでは、計画の妥当性の確認、評価を行わず「とりあえずやらせてみる」というスタンスだった。また研修生の計画をトレーナーが把握していない以上、その実行（Do）についても指導のしようがなく、半ば放任状態にあった。

研修生自身がたてた計画の進捗具合については、Ｂ社の担当者に対する月に一回の報告会で説明を行うことになっていた。この進捗管理の一任と、ＰＤＣＡサイクルの非介入はＢ社の意向によるものであった。Ｂ社が求めた成果は「退職率の低減」であり、「多様性を伸ばす」、「辞めさせない、怒らない」、「褒めて伸ばす」といった新体制の企画で謳われていたことを実行する名目上、介入は行われなかった。これは研修生が「できない」ことがトレーナーが「指導する＝怒る」ことに直結すると考えられていたからである。

この報告会は後述の離職の根拠で詳しく記載するが、報告先のＢ社の担当が研修の内容や状況を熟知していないために、担当がただ報告に対して講評を述べるのみで、確認（Ｃｈｅｃｋ）の機能を果たしていなかった。

研修生間の協調性を育むための取り組みとして、日々の進捗は４〜５人で分けられたグループで報告と指摘をしあうことも試みられた。この取り組みも結果だけ見ると必ずしも成功したとは言い難い。このグループミーティングの目的は、セルフチェックをする体制を整備して研修が自走できるようにするためであったが、立場として同格の者同士に進捗の確認をさせたとしても素直に指摘を受け入れることもできなければ、その指摘も正しいものが行われるとは限らない。結果として、この取り組みが原因で2名の退職者を出してしまった。2名の退職者は同グループの人間が気に入らないということを退職理由として挙げた。

こうして研修生が遅滞した進捗を修正する機会を失い続けた結果が上記の50%の未修了である。この新たな試みの失敗は、松本と桜木も重く受け止めており、研修が始まって4ヶ月経過した8月に入ったタイミングで、大きなテコ入れが行われた。まず、松本はこの低い進捗の原因を研修生の取り組み意識の低さに求めた。

これが8月に新しく入社してきた他の研修生に伝播することを恐れて締め付けを厳しくする。具体的には、⑴服飾の規定なしで自由だった服装をリクルートスーツでの服務を強制したこと、⑵スケジュール管理、タスク管理といった退職率低減のために研修生に一任していたものの再管理である。

この研修生からすると突然の方針変更は、研修生から「何故いまさら」と不満をもって迎えられた。特に低い進捗の者を対象にして、松本と桜木が行った個別面談では「研修をやりきる覚悟はあるのか」との詰問に対して4名が退職願という反応をしている。この代の研修生は最終的に7名の退職者を出しているが、そのうち半数がこの面談の直後に退職していることは特筆すべきことだろう。こ

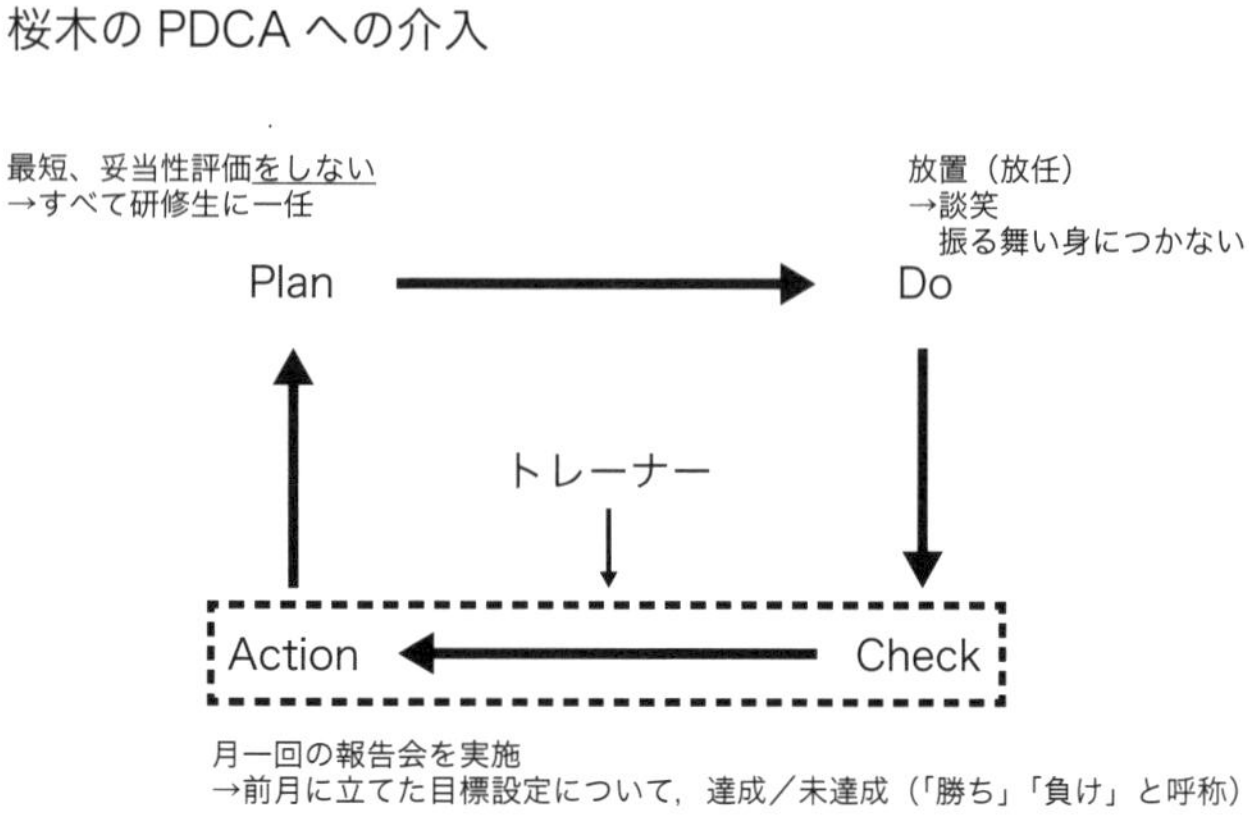

図2　新体制での PDCA への介入

の「覚悟はあるのか」という問いはその後の松本の面談で、特に低進捗者への個別面談でお決まりのように出てくることになるが、面談後にその意思を実行する手段としての計画は結局研修生任せのため、この面談を機に進捗が改善する研修生はいなかった。

8月入社の研修生に対しては、「試用期間である最初の3ヶ月で規定の進捗に満たなかった者には足切りを行う」と通達が出された。それによって課題の提出速度や取り組み姿勢が大幅に改善した。この結果を受けて松本は定例のミーティングで「やっぱ一定以下のレベルの人間に気付きを与えるのは無理だね。何回言っても気付かない」と、改めて期初に掲げられた自発性を伸ばす方針を否定した。

この事実は、進捗の推進には管理とペナルティが有効であるという、新体制において否定しようとした旧体制の方針を皮肉にも認めてしまう結果となった。過程はどうあれ、新体制における最初の研修生は、未修了率が50％、最重要として掲げていた退職率も第二新卒を除いた新規学卒者という括りでは過去最悪の33・3％を記録してしまった。

この「鬼軍曹」の不在は、進捗だけでなく目に見える形で研修生の取り組み姿勢、より具体的には組織社会化をも阻害している。当然のように企業は社員と労使契約を結んでいる、社員がその能力とその拘束時間を企業の利益貢献に充てることの対価として、企業は社員に対価を支払っている。この基本則の中においては、「業務に取り組むこと」として「求められた成果を出すこと」は当然のこととして見做される。

しかし、本研修を受けている研修生の大半はこの基本則がまだ身体化できていないケースが多い。組織固有の規範を共有していない研修生は逸脱行為を繰り返し、「指摘されない」ことはその逸脱行為を強化していく。

そういった意味で2017年度新卒社員は、「鬼軍曹」の不在で規律がどう緩んでいくかを示す例を多く残している。特に研修課題に臨む際に、面白い行動を示していた。トレーナーに対して「人と話すのが苦手です。」、「営業が嫌いです。」といったことを積極的に伝えてくるのだ。当然研修の運用で「苦手な課題は免除する」といった措置は存在しない。他にも進捗の遅れを指摘した際に「これから本気出します」といった答えが頻繁に帰ってきたり、「ゆとり世代だから怒らないでください」と返してくる研修生もいた。

課題の成果物をトレーナーが確認している際に、指摘事項に対して「やり直すのが面倒なんで、大目にみてくださいよ。」といった交渉をする研修生もいた。しばらく課題を受けにこない研修生に、受講の有無を確認すると「準備がまだなんで、大丈夫っす」と言って一日中パソコンを見ているだけの者もいた。これら全ての研修生と指導する側のトレーナーとのやりとりは基本的に非常にフランクな砕けた敬語を用いて行なわれている。

また当該の課題を担当しているトレーナーに対してのコミュニケーションの取り方以外にも、自席にいるときの振る舞いも、それまでのA社の雰囲気と比較すると、およそ勤務時間中であるとは言い難いものだった。頻繁に談笑が起こり、男性社員は足を通路に投げ出していたり、踏ん反り返っていたりと椅子に座る態度がやたらと悪く、女性社員は同性同士でのスキンシップが異様に多い。一人を膝の上に乗せて同じPCを操作していることもあった。

桜木に取り組み姿勢の緩みについて説教をされた際も、振り返るや否や「怒られちゃった～」と笑いながら同期の下へ戻っていく始末である。また逸脱を通り越した研修における不正行為も目立つようになった。ある日、テキスト系の課題の添削中に複数の研修生の回答が非常に似通っているとの報告がトレーナーから上がってきた。比較してみると明らさまにカンニングをした形成があり、詳しく調べると他者のシステムにログインして回答を盗み見たログまでしっかりと残っていた。

以前であれば個別に呼び出して厳しく指導するような事案だが、「ニコニコ鬼軍曹」の体制下ではそのようなことは行われない。研修生全員を別室に集めて、「なぜ人の回答をコピペしてはいけないのかみんなで考えてみよう」と告げて、桜木曰く「自発的な反省、研修の意義の再確認」を図った。当然、具体的なペナルティーはなく、誰が不正を行ったのか伏せたまま、お咎めもないままに反省を促して対応を終えている。

このような「自覚を促す」ための関わり方は、やり方を間違えると研修生側からも不興を買うことになる。上記の「なぜ人の回答をコピペしてはいけないのかみんなで考えよう」という反省会を行ったあと、その反省会に参加した研修生は「会社にきて、こんな学級会みたいなことやらされると、ちょっと大丈夫かな、と不安になります。レベルが低いというか、研修って会社の育成制度ですよね。このレベルの研修を受けた人が現場で活躍してるっていわれるとちょっと……」と木崎は不満を漏らしていた。

　こういった規律の低下は、数値として朝の出勤率にも表れてくる。多くの研修生を抱えていると少なからず体調を崩して会社を休んだり、会社に遅れてきたりする者が出てくる。三島の場合、体調不良を理由に欠勤、もしくは半休を取る場合は、病院の診断書の提出を義務付けていた。体調が悪いのであれば、そのエビデンスが必要なのである。またそういった、遅刻や欠勤の連絡は必ず電話で直接三島に連絡をいれること決まりになっていた。遅刻に関しても同様である。三島の場合は、後日出勤してきた際に、休んだ分、もしくは遅れ分の進捗のリカバリーを求めてくる。「仕事には何でも締め切りがあるでしょ。うちの仕事だと、お客様とやり取りを重ねながらシステムの納品とかしなきゃいけないのね。そういう時にさ、体調悪くて休んでしまったので、その分納期遅れます。なんて言えないでしょ。遅れた分どうすんの。」と後日、詰問される。一方で、桜木の場合は、状況を確認して、「しっかり療養してください。お大事に。」研修生を労わる。朝礼における進捗管理も三島のように毎朝行われるわけではない。診断書の提出は必要なく、遅刻、欠勤の連絡もＳＭＳなどのメールで行ってよい運用にしていた。

　ここで注目したいのは、報告方法の是非ではなく、定刻通りに出勤できないことに対してのハードルの違いである。当然、電話とはいえ、直接口頭で欠勤を伝えることは心理的な抵抗がメールと比べて強い。桜木体制に入ってからの研修生の欠勤率は、それまでの1・1%から2・8%と倍以上に増えたのは、この運用方法の変更と無関係ではないだろう。こうして如実に「研修の学校化」、「新卒の生徒化」とも形容できる社会人に移行できない学生を量産してしまったことは前述の通り、その後の逸脱行為への取り締まり強化に繋がっていく。

これらの逸脱行動は、この代の研修生特有のものではない。どのタイミングで入職してきた研修生にも多かれ少なかれ傾向として存在していた。しかし、三島体制ではこの取り組み姿勢に対して極めて厳しい指導がなされるため、そういった逸脱行動は矯正されていく。例に挙げた研修生たちも悪気があったわけではないだろう。彼ら自身は、彼らなりに真面目にやっているのであろうが、その真面目に取り組む尺度が、会社から求められる基準と異なっていただけである。それを指導せずに研修生の気付きに任せたのは、この取り組みの反省点として明確であろう。

研修生間で研修に対してどのような共通認識を持っているか、またそれをどうデザインするかが研修を運用する上で極めて重要になる。旧体制では、毎朝の朝礼や、課題の提出など三島に詰問されるイベントが散りばめられていた。そしてその詰問への恐怖が主体性を超えた内発的動機付けとして機能し、研修の進捗、規律化がなされていたと言えるだろう。

4. 離職の根拠

研修生は様々な思いを持って入職してくる。働き方を変えたい、前職で耐えられない経験をした、自分のキャリアに展望が見えないなど、積極的な理由、消極的な理由も含めて新しい職場に対して何らかの期待を持っている。

しかしながら、その期待と入職後の業務との乖離に苦しみ、結果的に離職していくものも少なくない。離脱率の低減を図って改定されたカリキュラムだが、それでも離職する者は離職をしていく。

入社して数日という短期間で辞めてしまう者もいれば、研修を進めていく中で進捗が思うように進まず諦めてしまうもの、研修の指導員の能力や人格に不信感をもって退職する者もいる。さらに周囲との比較の中で、自信を喪失してしまうものもいる。決して進捗が遅れているわけではないにも関わらず、周囲の進捗と比較して「自分は仕事ができない」と思い込んでしまう。

また研修内容に懐疑的な者、研修中に離職していく者もいる。研修の内容は、現場で業務を行う上で必要とされる基礎的な製品知識などを身につけるためのものである。しかし、その内容は現場で即使えるような実践的なものばかりではないし、ある程度実践に即しているものでも、実際に現場で要求されるものよりはかなり平易な内容にしているものがほとんどだ。この傾向は、新体制下におけるカリキュラム改変で、実際に顧客とのやりとりを要する研修を削った時から聞かれるようになった退職理由である。

研修中に離職をしてしまう者たちの根拠は大別して、⑴他に良い条件の就職先が見つかった、⑵研修でモチベーションを維持できなくなってしまった、⑶会社に対して不信感を抱いてしまった、の3つが挙げられる。あくまでもこれらの理由は口実であり、もっと他に別の理由があったのかもしれない。しかし、思うところがあったのは事実であろう。業界未経験の第二新卒で、26歳の高畑は、「研修が進まずやっぱり自分はITに向いていない」という。この言葉は、周囲の同期や、B社の担当に向けて発せられた言葉であるが、よくよく話を聞いてみると「給料も安いし、親族の知り合いの紹介でもっと条件のいい会社があるからそっちも考えている」という。さらに、実際に退職の意思をB社に伝えた際に「一度話をしよう」と別でミーティングの機会が設けられるはずだったが、そのまま1週間放置されてしまった。このことに不信感を抱き、トレーナーに退職願の書き方を質問しにくる始末だった。

関連して第二に、研修生のモチベーションの問題がある。モチベーションの低下は退職の主要な理由の一つであり、またその維持は研修を指導するトレーナーの大きな関心事のひとつである。勤怠の状況もよく、受け答えもしっかりしていて、研修にも真面目に取り組んでいる。ただし、未経験のITに関することが何一つ分からず、PCの操作にも慣れない。にも関わらず研修ではそれらのリテラシーがある程度必要とされる。とっかかりが見出せない中で、周囲との進捗は開いていき、必死に作成した課題も、不十分で再提出になってしまう。そういったことを繰り返していくうちに、だんだんと前向きに研修に取り組んでいく姿勢が失われていく。「頑張ってもうまくいかない」という体験そのものは、研修中にほぼ全員が直面するものだが、あくまでもそれはトレーナーが意図的に用意したコントロール可能な障害でなければならない。トレーナーが把握していないところで、研修生がつまずき始めると、その出来ない状態が長時間続いてしまう。研修生自身の力でそれを打破できない場合、自信の喪失につながっていく。この傾向は業界未経験者の中でも特に、それまでの職務や人生でほとんどPCを触ってこなかった基礎的なITリテラシーの低い研修生が陥りやすい傾向だ。

「頑張ってもうまくいかないんです。周りの人はできて、私はできないのが嫌になっちゃって。次はまだ決まってないですけど、今度は自分に合った仕事をしようと思います。」と述べていた森は、後日正式に退職する運びとなった。このように研修を進める上でモチベーション管理は必須であり、また研修生が直面する研修上の障害についてもトレーナーがその障害の程度と強度をきちんとコントロールしていく必要がある。

そういったこともあり、研修に関わる者はその運用にしっかりと取り組む必要があるのだが、その運用に不備が生じた場合、第三の退職理由である会社への不信感が問題として浮上する。本研修では、研修生にたくさんのタスクを課し、スケジュールを立てさせた上で事に臨ませる。取り組みに対する「質と量の最大化」を求められる研修は、精神的にも肉体的にも無理を強いるケースが多々ある。当然、負荷を強いられる研修生側からは不満を持たれやすくなるが、その際に重要なのが教える側の能力である。

研修生をコントロールするのは容易ではない。特に第二新卒の場合は、指示に対して「なぜそれをしなければならないのか」説明を求めてくることも多い。指示が不明瞭な場合や、その説明がうまくできない場合、研修生のトレーナーに対する不満は一気に高まる。実際に「育成を担当している人の程度が知れているから、この会社で働いていく事に先が見えない」という理由で退職する者もいた。

この点においては、2つの問題がある。一つはトレーナー個々人の力量についての個別的な問題。もう一つは体制そのものへの集合的な問題だ。トレーナーの力量に関しては、純粋な職務に対する能力だけでなく、研修生に対する接し方も重要な要素である。まず、トレーナーはそれまでの業務経験で培った技能を研修生に伝えていかなければならない。

問題なのは、研修生に教えているトレーナー自身は、自分が現在かかわっている研修制度を経て業務知識を身につけていなかった事だ。本研修の制度が整備される以前は、OJTによる教育がメインであり、集合的な研修が占める割合は圧倒的に少なかった。トレーナーは、それぞれが業務に従事する中で経験し、身につけていった技能を体系的に研修生に伝えていく必要がある。トレーナーが長年の経験の中で「これが重要である」と定義したことを研修で教えていくわけだが、自らの経験則を知識として人に伝授していくのは容易ではない。

職務経験を通じて身につけてきた事柄は、経験として身についているものであり、個別に切り離して伝えられるものではない。それを伝えなければならないところに研修の困難がある。

本研修では、その切り離して伝えられない部分を「対顧客を想定したロールプレイング」という形で擬似経験させている。そうすると今度は、研修のカリキュラムやテキスト上で明文化されていない事柄が不文律としてロールプレイングの合否を左右することになる。トレーナー側からすると「対顧客を想定した際には当たり前」のことだが、研修生側からは「知らない、聞いていない」ことであるため軋轢が生じやすくなる。この際に研修生を納得させるための対話が必要になってくるが、ここで研修生の納得感を引き出せないとそれが「不信感」として退職につながっていく要因になりやすい。本来であれば、「より実践に近い形で研修を行っていくことで、現場で有用なスキルを身につける」という建前で済む話だが、この建前で納得をしない研修生が多くいる中で、この対話の作業は必須の業務スキルとなっている。これは個別の研修課題に対してだけではなく、研修全体にも言えることで、「そもそもなぜ研修が必要なのか」、「何のために今、このような課題をしているのか」を説くことは、統括トレーナーを担う者の重要な業務でもある。

もう一つが、体制そのものへの集合的な問題である。旧体制とは違い、現在では様々な人間が研修に関わることになった。その中で、研修生は様々な立場の人間から様々な指示を出されると同時に、困ったことがあった際の窓口も多様化している。その際に、研修を指導する側の連携、調整の不足が原因でダブルスタンダードに陥ってしまいそのことが体制としての不十分さ、研修に携わる者の調整力なさを露呈させてしまうきっかけとなる。これは、前述したように体制が刷新されたころから見え始めた問題であり、現研修体制の構造上、ある程度不可避な問題として今後も残り続けていくだろう。

このようにモチベーションの問題を研修に批判的な視線を浴びせることに着目して概説をしてきた。この傾向は特に新規学卒者と比較して、第二新卒の中で多く見られる。これには彼らが経験してきた業務経験が作用しているように思える。第二新卒には多くの場合、新規学卒者と異なり、比較対象となる「ものさし」としての前職経験がある。

新規学卒者にとっては、初めての経験として「そういうものだ」として受け入れられるものが、彼らの場合は受け入れられない。特に前職よりもさらに劣る部分の場合はなおさらだ。給与、福利厚生といった待遇面、研修で接する先輩社員の質、自社で取り扱う商材の競争力などが、前職の経験と比較される。これら「ものさし」の存在によって、第二新卒は新規学卒者と比べて、より明確に研修を「読み解く」ことができる。

こうした研修を判断する前職の経験があるからこそ、第二新卒は研修の取り組み、行いに対してクリティカルな眼差しを向けがちだ。劣る（と本人が思っている）部分と折り合いをつけて研修に向き合えるか、許容できずに会社を去るか。または「読まず（読めず）」に盲目的に研修に取り組むか。この違いが研修へのモチベーションの違いに大きく影響する部分でもあるし、退職理由として顕在化せずに指導側が最後まで拾えないでいるモチベーションの問題の本質である。

第六章　自己マネジメントできる人材の育成

1. 現場への配属

研修の目的は、研修後の現場でそれぞれが活躍する即戦力人材を育てることである。ここでは研修後に現場に配属されていく過程に焦点をあてる。まず、配属先となる部署について概説をしていく。

A社での配属先組織は、⑴営業やサポートなど顧客とのやりとりをするプロフィットセンターである事業部系、⑵自社のプロダクトを開発、改修する開発系、⑶人事総務、経理などを行うバックオフィス系に分けることができる。

それぞれの部門が、期初に策定された予算に従って、「4月に営業職を2人増強する」などの人員配置計画を立てており、研修後の配属も基本的にはそれに則って決められることになる。当然、採用計画自体、収益の拡大を目的とした人員増強であるため、主な配属先は事業部系になる。また開発系は、研修でカバーしきれないより専門的なプログラミングを要するため第二新卒からの配属はなく、情報系の専門学校を卒業した新規学卒者が配属される。ただし、社内システムを管理する部門は例外的に第二新卒の配属先として候補に上がる。ここには、ＰＣスキルは高いが研修中の取り組み姿勢に改善が見られなかったり、対顧客とのコミュニケーションを任せられないなど、対外的な業務にアサインするのが不可能と判断された人材を配属していた。

配属については、研修のカリキュラム改訂の変遷と共に選定の方法が移り変わってきた。ここでは、その変遷を順を追って確認していきたい。

鈴本、三島体制時の配属は、三島がほとんど一存で決めていた。まず、部署ごとの人員配置計画を確認する。その計画と研修生の進捗を比較して、配置予定時期と研修の修了タイミングを鑑みて、最適と思われる研修生を推薦する。この体制時の特徴は、研修の修了時期が固定化されておらず、進捗によっては早く卒業させたり、逆に予定より遅らせることもできたことにある。当時は必修の課題を終えたタイミングで研修は修了であったため、研修をどのタイミングで終えるかが、配属先選定の大きな要素となっていた。

入職時に作成していたＷｉｌｌシートを用いながら卒業の近くなった研修生と面談を行う。ここでは、Willシートの内容と照らし合わせながら、研修後どのような業務に携わりたいか、配属先として希望する部署があるかなどの確認を行う。

人員の配置計画がある以上、全てが研修生の希望通りに物事が進むわけではないが、可能な限り研修生の希望に沿うように配属先の調整を行う。場合によっては、時期の問題を逆手にとって研修生の進捗を加速させるために発破をかけることもあった。面談では、しっかりと今後のキャリアプランと現場でどのような経験が積めるのかのすり合わせが行われる。

三島は、配属先の部門長の人となりと研修生のパーソナリティがマッチするか、また配属先の業務で担当する予定の職務を遂行可能か、各トレーナーと確認を行う。そして最終的に三島が推薦するという形で、部門長に配属する研修生を提案していく形をとっていた。

具体的には毎月15日前後に翌月配属予定の研修生のパーソナルシートを全部門長に展開し、部門長は展開されたパーソナルシートから、配属を希望する研修生をリクエストシートにて氏名、そのシートを元に面談を行う。その上、部門長との面談の内容、トレーナーからみた適正、研修生の希望職種を総合的に勘案し、今後最も成長が期待される部門への配属先を決定する。

配属時にそれまでの育成にかかった費用は、配属された部門の販管費(採用費)として配属当月に二六一万六千円／人として計上される。

松本、桜木体制では、Ｗｉｌｌシート自体がなくなったため研修の終わりが見えてきたタイミングで、松本と桜木、そして研修生との三者面談が組まれ、配属先などの希望をヒアリングしていた。配属先の選定についてはＷｉｌｌシートの取り組みを廃止していたため、この面談のタイミングで自己の展望や希望についてヒアリングが行われる。

この体制から研修の時期が６ヶ月間で固定されたため、予め提示されている枠にどの研修生を当てはめるか決めていくような形で配属先が決められていた。松本もまた配属先選定の際には、各トレーナーの意見を取りまとめて、配属先選定については合議制のような形で決定を下していた。

Ｂ社が研修に関わるようになってからは、配属先の決定が二段階に分けて行われるようになった。まず、全体の建て付けとして、研修を終えた研修生の「転籍先」を決める。この現在の体制からＢ社の社員である研修生を研修終了後に各事業会社に配属し、その後各事業会社内で配属先を決定する二段階性の配属を行っている。

研修生は研修の進捗段階に応じて、「優秀卒業」、「卒業」、そして「未卒業」の３つに分類されている。「優秀卒業」の研修生には転籍先を「逆指名」する権利が与えられており、転籍先を自身で決めることができる。「卒業」以下の研修生については、研修の進捗や取り組み姿勢などの評価をまとめたパーソナルシートと呼ばれる、A社のトレーナーが作成した評価表を元に採用したい研修生を決めるドラフト制度が敷かれている。

このように転籍先が決まった後に、配属先が決まる。A社においては、配属先の決定が完全にトレーナー側から離れ、経営管理部門を管掌する役員と、事業部門を管掌する役員との三者面談で配属先が決定されるように運用変更がなされた。この体制から完全に研修生の配属先が組織の計画に基づいてなされるようになり、研修生の意向や、トレーナー側の意見がほとんど反映されない配属がなされるようになる。この経営層の判断で決まる配属には、今まで勘案されていた本人のパーソナリティと配属先部署との相性や、キャリア展望などが反映されないので、配属された研修生、また配属先の部門長からも不満が出ている。

例えば、研修を「優秀卒業」した松井という研修生は、営業職を志望しており、自身の営業としての力を伸ばしていくため営業経験の長いベテランのマネージャーの元への配属を希望していた。しかし、面談を終えた後に通達された配属先は、本人の希望と真逆のマネージャーになって1ヶ月も経っていない若手が取り仕切る部署であった。この決定の背景には、いままでの人員配置で営業職として研修を優秀で卒業したものが配属されていなかったため、という社内政治的な側面がある。松井の不満はすぐに同期集団から他の研修生に広がり、「優秀卒業」を目指すことの意味がないと不満が上がることになった。

組織は個人のために存在するわけではない。組織の都合で個々人の業務や配属先が変わることも珍しいことではない。しかし、過去の研修での取り組みが証明しているように、自身のキャリア展望と、業務が繋がっていることを実感できないとモチベーションを維持するのは難しい。現体制では、その認識のすり合わせが十分に行なわれているとは言い難いだろう。結局配属とともに下がったモチベーションの再起は、配属先の部門長に丸投げされている状態であり、管理部門と現場との間に新たな軋轢を生んでしまっている。

過去の研修で目指されていた「徹底した自己マネジメントができる人材」の育成は、育成と配属のしっかりとした受け渡しなくしては頓挫してしまう。自身で自己を律し業務を遂行するためには、自身で目標を具体化し、モチベーションを保ち育て、行動と成果を観察して、必要に応じて修正していく不断の努力を要する。しかし、その自律した業務への意欲も組織への信頼が下地になければ成立し得ない。ステークホルダーが増えたことによって生起しているこれらの問題を解決するためには、今一度分断し、拡散した研修の取り組みを統合して集中的に運用する体制の再構築が必須だろう。

結果だけみても、三島体制時、桜木体制時、そしてB社体制時と時を経るにつれて、研修生の現場における業績には乖離が生じている。現場に先に出ている分だけで経験を積んでいることを鑑みても営業の行動量などについては如実に差が出ている事実は、配属先選定の方法を変えたことと無関係ではないだろう。

2. 現場での再教育

研修生は、本研修において、営業、設定、カスタマーサポートの3領域を網羅的に学んでいく。ここでは、研修を終えた後に現場でどのように再教育がなされ現場業務に適応していっているのか、各部門の取り組みについて見ていきたい。

前提として、自社サービスについての理解については、研修の実施以前と以後では大きく改善がされており、その部分の基礎的なインプットは現場側で行なわれていることはない。アサインされた職務ごとに切り分けると、営業職では新規開拓の営業にあてがわれることが多い。A社では新規開拓営業については、テレアポなどに代表されるプッシュ型の営業と、Ｗｅｂサイトなどを見たクライアント側からの問い合わせに代表されるプル型の営業の両方をほぼ同じ比率で行っている。

プッシュ型の営業については、過去にアプローチをして成約に至らなかった見込み顧客のリストから電話をしていって、アポイントメントが取れたら先輩社員が営業に同行をする形で業務経験を積んでいく。最初はアポイントメントをとるだけで実際の商談は全て先輩社員任せで進んで行く。数を重ねるうちに、資料の説明まで、ヒアリングまでと徐々にできることを増やしていき、頃合いを見て独り立ちさせる方法がとられている。これは部内のリソースに余裕があり、個別に面倒を見れる部署でよく見られるＯＪＴの形だ。

逆にプル型の営業は、ほとんどの場合先輩社員が独占をしている。というのも問い合わせを得るためにマーケティングの部門が広告予算などを投入している関係上、プル型の営業には原価が発生しており、新人の学びのために使うわけにはいかないという事情があるからだ。プル型の営業はプッシュ型の営業が一人で十分にできるようになってから対応することができる。

カスタマーサポートの業務は、クライアントからの問い合わせをキックに業務していくものになる。問い合わせ内容を先輩社員が判断し、新人でも対応可能なものであれば対応させ、不可能なものであれば先輩社員が対応し、その後ケーススタディという形で手ほどきを行いできる範囲を拡張させていく。わからないことにいきなり直面するリスクを極力少なくできるという点では、新人にかかる負荷を段階的にコントロールできる分、営業系のＯＪＴと比較しても戦力化は早い。

設定系の業務については、基本的に社内での業務がメインになるため、先輩社員と一緒にシステムの構築を担当することになる。営業と異なり、クライアントと即興的なやり取りを要する業務がないので、システム設計上の必要なやり取りを先輩社員が行い、構築の部分だけを切り出して新人に作業させるケースが多い。不明点がある場合は、都度先輩に聞いて作業を進めていき、完成した後は、クライアントに納品前に検収作業が行われるため、営業と比べて最初から先輩社員と遜色のない仕事を安心して経験させることができるので、ＯＪＴの育成難易度は低い。

以上がＯＪＴベースで現場が行っている研修である。その他にも部門によっては、独自にＯＦＦ-ＪＴのプログラムを組んで、職域特化ではなくマルチプレーヤーを育成しようとしている部門も存在する。

この部門ごとに実際の現場業務を通じて行われるＯＪＴで浮き彫りとなるのは、やはり営業系の経験不足だ。研修で行っているのは、プッシュ型の営業におけるテレアポと、客先で行う資料説明とヒアリングまでであり、その後の具体的な提案や、契約書のやり取りなどは現カリキュラムでは網羅していない（※網羅していたのは三島体制まで）。

そもそも課題解決型のコンサルティング営業を行っている関係上、クライアントごとに別の課題を抱えており、一つとして同じ課題は存在しない。状況に応じて、適切な対処が求められる商談の場においてはやはり経験がある程度必要になってくる。逆にカスタマーサポートは、顧客がサービス活用上の不明点を問い合わせてくるケースが大半を占めるので、研修のカリキュラム上でほとんどの問い合わせのパターンは網羅でき、スムーズに現場業務へ移行できる。設定系の業務については即興性が求められない分、腰を据えて取り組むことができる。具体的には、わからないことがあればその都度調べるなり、先輩に聞くなどして潰していくことが可能だ。

このようにして研修を終えた新人は、経験を積み重ね実務に関する能力を伸ばしていく。A社では、四半期に一回表彰制度があり、そこで優秀な業績を上げた者が表彰される仕組みがある。研修を開始して5年、現在では表彰される人間の半数を研修の修了生が占めるようになってきた。現場で積み重ねてきた経験が成果として昇華されていることの証左だろうが、多くの受賞者が「研修の時に基礎を徹底的に鍛えたおかげ」といったことを口にする。トレーナーに受賞の報告をしにきている時の言葉なので、多分にリップサービスが含まれているだろうが、事実、傾向としては研修時に足元の取り組みをしっかりと行っていた者が現場に出てから成果を出すことが多い。

3. 研修と現場との連携

A社で行なわれている本研修は、その時々の状況やステークホルダーの思惑によって、そのカリキュラムを変更してきた。B社の体制になって、カリキュラムに対して大鉈が振るわれ合格基準が大幅に引き下げられたことを受けて、A社内では、それを補う特徴的な取り組みが行われているので、ここで触れておきたい。

松本・桜木体制時とB社の体制時で大きくカリキュラムの見直しが行われた。いずれも、研修にかかる時間を削減する目的での見直しである。松本・桜木体制時は、離脱率を下げて卒業する人数を引き上げるため、B社体制時は、現有のリソースで、増員された研修生への研修を運用できるようにするため、目的は異なれど、手段は基準を下げること、課題を減らすことだった。

その際に一番基準が引き下げられたのが、営業に関する研修である。松本・桜木体制の時は、前述のように現場叩き上げの松本の現場経験主義とも呼べる考え方を反映して、現場にいったら腰を据えて取り組めない技術的な知識のインプットを重視した結果、その分営業研修を減らしてバランスをとり、B社体制時は、研修生の取り組み時間を計測した上で、全課題の中でも一番時間がかかっていた営業研修が削減の対象となった。

まず、研修の最終段階、実際に営業活動を行い契約を取ってくる実践研修が削減され、追って、テレアポのロールプレイング、商談のロールプレイングと削減されていった。

結果として、鈴本・三島体制時と比較して、研修の修了者の営業に関する能力は低減していき、営業職を欲していたA社の部門長からは不満を持たれていた。そこでA社独自の取り組みとして研修修了後、営業を志望している者に対して、現場配属前の受け皿として新たな部署が用意されることになった。

その部署では、低下した研修での営業力を補填するために徹底的にアウトバウンドの新規開拓営業を行うという、鈴木・三島体制下で行った研修と相似したものだった。配属された新人は、並行して業務を行っては片手落ちになってしまうため、本来の配属先である部署の業務からは完全に切り離される。

新規開拓営業をシンプルにするためにこの新規開拓部隊では、取り扱う商材が一つに絞られていた。本来A社で扱っている自社開発のサービスは、様々な用途に使うことのできる多様性をもったサービスであり、クライアントの多様な業務課題の解決に柔軟に対応できることが強みである。しかし、その柔軟性という強みは、そのままサービスの複雑性にも直結し、新規開拓営業の際の大きな障壁になっていた。

そこで、提供できるサービス=価値を単一のものに絞り、クライアント側に理解しやすくすることで、営業効率の促進を図っている。新人は、自分自身でこの与えられた商材を提案するために、インターネットで提案できそうな企業を検索し、テレアポリストを作成する。作成した後は、自分の考えたトークスクリプトに基づき架電を行い、アポイントが取れた場合は、そのままアポイント先に訪問をする。この新規開拓部隊で、研修修了者はこのようにテレアポと訪問を延々と繰り返す。研修では、離脱の原因として忌避され、除外された行動係数の最大化が延々と行われる。アポイントメントが取れた際も、訪問は基本的に新人が一人で行い。初回訪問で次のアポイントが取れた場合は先輩社員が同行してクロージングを行っていく。アポイントメントが取れた場合は、訪問前に部門長とミーティングが設けられ、どのような課題が想定されるか、どのような提案をしたら興味が引けるか、綿密に確認を行っていく。そうしてアウトバウンドの実践経験を積みながら営業として独り立ちできるようにし、一定期間を超えたタイミングで本来の部署に戻して、所属部署の営業の中核を担えるように取り組みを行っていた。

この新規開拓部隊立ち上げの際に、研修運用側とも連携がとられ、研修終了後にそういった実践を積めることを前提にした課題の配分にしたり、新規開拓で指導するテレアポの方法に研修課題で指導する内容を寄せるなどして連携を強化している。

他にも現場での業務遂行上、必須ではあるが指導に時間がかかるものなども、現場からの要請として研修に盛り込むことも多い。このようにカリキュラムが削減されるだけではなく、現場の要請に応じて課題を増やしたり、どうしても研修で巻き取れないものは、現場側で補填をするなどして、育成の取り組みはその改善を不断に行っている。

4. 研修の組織文化

ここまでA社における研修の様々な側面を切り出して、現場で何が行われているのか、その狙いや結果を描き出してきた。それでは本書の組織エスノグラフィーを介して得られた示唆を考察し、新人研修という取り組みの本質をサービス業の相似から考えていきたい。

研修はサービス業と同じで、生産物が無形であること、そして生産の場と供給の場が一致し、時間も一致していることに注意を払う必要がある。無形であり即時性があるからこそ、研修という経験に対しては、事前の綿密な設計が不可欠である。研修生をコミットさせるストーリーもまた不可欠である。研修に対しての未来（目的）が見えないと困難が溢れる研修を走り抜けることはできない。

これは、カリキュラムの設計と運用が一体となっていた旧体制から、新体制に移行した途端に研修生から研修の運用体制や、トレーナーに対して不満が出始めたことからも明らかであろう。これは研修を経るごとに、事前の綿密な設計から乖離していき、後手後手の対策を継ぎ接ぎしていった結果、不満の声が増えていったことからも明らかである。

研修を提供する側のカリキュラムを整備するだけでも不十分である。なぜなら、サービスの提供者と消費者の関係と同様に、研修もまた提供者と研修生（消費者）の間の社会的相互作用の質が研修生によって経験される研修という「生産物」の一つとなるからである。

カリキュラムが同じであったとしても、鈴本と三島が「鬼軍曹とその上司」という絶対者として畏怖の対象になっていたのと、松本と桜木が「ニコニコ鬼軍曹とその上司」として畏怖の対象になっていなかったのとでは研修生が経験するものの質は根本から異なる。その運用の優劣は一概に論じられるものではないが、カリキュラム、運用、研修生との社会的な関係性の三位が一体になっていた旧体制の方が、研修生自身その経験が「必要なものだった」と肯定的に捉えられていた。

これはより実践的な研修を志向していたはずの松本、桜木体制時の研修生からはあまり出てこなかった振り返りである。

研修のもう一つの特質は、このような研修というサービス提供者にとってさらに困難さを与えるようなもの、すなわち研修内容の現場主義である。提供されるものは、要するにその会社の提供している事業の範囲そのものなのである。その特定の範囲は、当然しかるべき業務的意味を帯びており、だからこそ、そこに企業内研修の必要性が存在する。したがって、研修の内容には厳しい「組織文化」が存在する。

カリキュラムだけを見れば、本研修では、A社以外の企業ではまったく通用しない技能を身につけるものが多い。カスタマーサポートの研修や、自社のサービス知識にまつわるものなどはその最たる例だろう。研修生は、基本的にこういった組織固有の技能を身につけることに抵抗を持っている。あるものは「自分は開発者志望なので、この研修はやらなくてよい」と直接不満を口にする研修生もいる。これは開発職として経験を積みたいなど、A社に具体的な目的を持って入社した者によく見られる傾向だ。前述したように、そういった研修生は、自分の目指す職種への成長や機会を求めているのであり、その阻害要因となるものには露骨な嫌悪感を示す。

この組織文化と研修生が求めることとの乖離を埋めるための橋渡しが不可欠である。その手段がこの研修では、「Ｗｉｌｌシート」であり、現在の取り組みと将来の目標を地続きにしていくための取り組みであった。研修というサービスの意図は、消費者である研修生には基本的に理解されない。消費者は、提供されたものに対して脊髄反射的な反応をするのみであり、だからこそ納得をさせるための別の取り組みが必要になる。研修が「会社で有用な人材になるため」といった会社都合の目的に見えている以上、研修生のモチベーションは保てない。あくまでも自己の目標と会社の取り組みが合一することが重要なのだ。

研修の取り組みが始まってしばらく経ち、現場業務での中核を研修の卒業生が占めることが多くなってきた。そのような状況下で聞かれるようになってきたのが、研修卒の人間から聞かれる研修生への嘆きである。

研修の体制が変わり、研修生の仕上がりに一番敏感だったのが、他ならぬ研修生自身だった。現場での業務遂行におけるスケジュール、タスク管理へのコミットメントの強さやスピード感など、三島体制下の研修生とそれ以降の研修生では乖離する部分が多く、立場的に新しく現場に配属された研修生を指導する立場にある先輩となった彼ら自身が一番感じる部分が多かったのだろう。

2018年3月から、4月に大量に採用される新卒への研修に対応するために、三島体制時に研修を受けていた、本橋、有本、西澤の3名が研修運用のサポートとしてアサインされることになった。本橋は、正式にカスタマーサポートのトレーナーとして配属され、有本と西澤は、元来の通常業務をこなしつつ、午前中の3時間だけ研修のサポートしている。

彼ら3人が研修の現場にサポートとして入って異口同音に「今の研修はぬるい」と口にした。そして、この3人からの強い提案があり、新体制へ移行してから軟化されていた朝礼運用、及びその場でのトレーナーによるスケジュール管理、タスク管理が再開されることになった。

もちろん三島が不在の状況で、以前と同じ強度でプレッシャーをかけることはできない。何よりも取り組みが朝礼におけるスケジュール管理のみになるので、PDCAの全行程で研修生を厳しく指導することはできない。しかし、限定的とはいえ、この朝礼運用再開の効果はすぐに研修の進捗に現れることになった。

有本と西澤が毎日仔細に一日の予定、週の予定を確認していく、その中で、三島とは異なり、何故タスク管理をしなければならないか、何故スケジュール管理が重要か現場での業務を引き合いに出して研修生に説いていく。

トレーナーがその研修における関わり方を通じて骨を砕いていた「働くという概念をいかにして伝えるか」を彼らなりに伝えていた。各課題に対する報連相の精度は上がり、対策の質は向上した、それに伴い研修の進捗も改善していった。三島体制時の研修生が、三島に指導されていたことが形を変えて、次代に継承している。これは、卒業生に対して行った数々のインタビューの中で、彼らの語りのなかに現れていた研修中にやりきった経験への礼賛に埋め込まれた規律の重要性に関する指摘を端的に表している結果とも言えるだろう。

このように集団に息づく文化としてきちんと世代で継承されていくものが形成されたことも、A社においてこの研修が有する大きな特質の一つであろう。

おわりに

1. 最適化された新人研修?

新人研修は、企業という組織内でこれから働いていく上での心構えや実務的スキルを集中的に習得する不可欠な場であり、新人は誰もが経験する。企業にとっては、新人を育成する場として失敗は許されない。研修をとおして、企業の即戦力となる人材を育て、育成しなければならない。

明確な到達点が設定され、共有されているためにこれまで新人研修を含む社内研修については、効果的な研修の理想が説かれてきた。どうしたら新人研修は上手くいくのか。新人研修は効果があったのか。研修の方法をめぐる改善が続けられてきた。

目指すべき方向を示すことは、現場の力となる。研修担当者は、それらの理想形を身に付け、現場に導入していく。何一つ悪いことはない。しかし、現実は甘くない。研修の現場には理想を追いかけることで、見えにくくなっている葛藤があるのではないか。現場で苦労している声なき声があるのではないか。

本書では、IT企業の新入社員研修の現場を事例にして、研修トレーナーへの聴き取り調査、筆者自身の参与観察から、研修現場の内実、および研修生へのトレーナーの関わり方について明らかにしてきた。

本書の出発点には次のような問題意識を持っていた。様々なバックボーンや思惑で入社してきた新入社員を画一的な研修によって、会社員化させていく研修という取り組みの中で、指導員はいかなる工夫を持って関わり方を実践しているのか。そのパフォーマンスを新入社員はどう見ているのか。6ヶ月という期間の研修において、どのような変化とそれに伴う葛藤や苦悩、喜びがあるのか。

幸いにして私は、雇用契約上も年齢的にも与えられた役割としても、研修を受ける新入社員にはるかに近い立ち位置で関係性の構築を行うことを許されていた。研修について回る「指導する／される」「評価する／される」といった関係性から半歩外にいることでステークホルダーとしてではなく、一人の研究者として研修のリアルに迫ることができた。

本書で力点を置いたのは、(1)研修生らが同じ目標に向けて取り組みを行う中で、いかに協調、自立しながら共生関係を構築し、経験を捉え、共有し行動様式を変化させていくのか、そのプロセスと原因を明らかにすること、⑵そのような行動を研修生に促しつつづけるメカニズムを解明することの2点であった。

振り返ると、3年に及ぶ研修現場へのフィールドワーク中に、3回の体制変更が行われた。その変更に順じて、育成の方針、トレーナーと研修生の関わり方、研修生の向き合い方が変化した。

まとめよう。3つの体制とは、それぞれ、⑴研修業務の企画、立ち上げを行い、厳格な指導と規律訓練を重視した、鈴本と三島による体制、⑵研修生の退職率緩和を目的に、指導を和らげ、自主性を引き出すことを重視した松本、桜木体制、⑶A社のホールディングス化に伴い、育成方針が外部化し、持株会社からの委託業務として研修を運用するようになったホールディングス体制である。

A社は、2014年から新卒、第二新卒の採用を増やし、会社規模の拡大を図っている。研修業務もその人員拡大の受け皿として企画され、入社をした新入社員は約6ヶ月の集合研修を受けて、現場に配属される。

採用については、創業者の理念もあって、厳しい絞り込みを行っているわけではなく、様々なキャリア、職歴の人間に門戸を開いており、研修を司るトレーナーたちは、その多様な新入社員を如何にして現場で活躍できるようにするかという一点に心を砕いている。

「最初から優秀な人材を採用して、業績が上がるのは当たり前。そうではなくて、いかに社員が仕事を通して成長して、その成果を会社に、社会に還元できるかが重要だ。」というのが、A社の創業者の理念である。

この創業者の意向と、採用部門の採用目標数の追求が合わさり、A社の研修では多種多様な人材の受け入れが必要になってくる。

厳然な基準で選考を行い、入社する人材を絞り込み、一定水準以上の人員に対し、現場で活躍できるように業務の基礎をトレーニングする研修と、A社で行われている研修は決定的に異なっている。それより以前の、時間を守る、就業時間中に居眠りをしないといった、もっと基本的なところから指導を行わないとならない。

自社の業務をこなす職能の形成に最適化された新人研修プログラムは、一方で研修を受ける側の新入社員に入社時の目的を見失わせ、働く意味を消失させているのではないか。

純粋な能力で研修に付いていけなくなる者、企業の文化に適合できず、組織社会化がうまく行えない者、研修の中でも仕事に意味を見出し黙々と取り組む者、研修を通して企業の規定する「社会人としての考え方」を体現し周囲からの評価を覆す者、様々なバックボーンを持ちながらも、同じタイミング、同じ環境、同じ制度で研修を行ってもその変化には大きな違いが生じる。

ここで重要なのは、研修の成否ではなく、その取り組み自体に意味や価値を持たせられるかということだ。今回の調査で協力をしてくれた研修生たちも、ポジティブな捉え方を研修中にしていたわけでは決してない。現場での業務経験の中で、研修で身につけていたことが活かされて、初めて振り返りの中で研修の経験を前向きに意味づけすることができる。

人材育成、ひいては研修業務において覚えたらすぐに使える即席のテクニックなるものは存在しない。研修の満足度が低くとも、その効能をすぐに実感できなくとも、その後に続いていく現場業務に適応できるように、成功体験を積んでいけるように基礎的なことを徹底的に積み重ねていくことが重要である。

ハードとしての研修カリキュラムは、当然その企業の業務に最適化されたものとして構築を行い、ソフトとしての研修の運用、そして研修生との相互作用は、彼ら自身のキャリアに向けて最適化されなければならない。そのどちらかが欠けているだけで、研修という複雑な取り組みはうまくいかなくなってしまう。

2. 新人研修のマネジメント

新人研修とは研修生を現場で活躍する社員へと育て上げていく相互行為の集積物である。前職の経験や入職の動機など、何一つとしてまとまりのない研修生を一つの組織にまとめ上げていくその様は、社内研修には卓越したマネジメントスキルが必要であることを感じさせた。

マネージャーに共通する仕事は、「①目標を設定する、②組織する、③動機づけとコミュニケーションを図る、④評価測定する、⑤人材を開発すること」(ミンツバーグ 2011: 129) であるという。本事例でみた研修担当のマネージャーは、「⑤人材を開発する」ために、①目標を設定し、②組織し、③動機づけとコミュニケーションを図り、④評価測定をすることに従事していた。

本事例での研修生は、その研修業務のみならず、組織文化や暗黙的なルールなど未知の物事にさらされた状態で非常に強いプレッシャーに晒されていた。その時のベストなパフォーマンスを発揮し、寝る時間も削り入念に準備をした上でなお「準備不足」と一蹴されてしまう。

研修生は研修のみを行っているため、会社の業績に何らかの貢献をしているわけでもなく、ただただだトレーニングに励む日々は、働くことのやりがいや、労働の楽しさを享受できる環境とは言い難い。

しかしながら、その困難を一つ一つ乗り越えることに成功体験の蓄積があり、これが自信につながっていく。できないことを突きつけられた後に、これを可能にしていく過程にこそ彼らは研修に臨む意義を見出している。

A社の研修では、トレーナーが研修生との間で多くのやり取りを行いながら、そのエラー経験をマネジメントし、経験学習サイクルがデザインされていた。その過程において研修生一人一人の進捗やパーソナリティに着目しながら、ゴール設定や経験の質が細かに調整される。

新人研修の現場で研修トレーナーと研修生が紡ぎ出す相互行為における適度の厳しさや緊張感は、変化の激しいビジネスシーンに打ち勝つためのレジリエンスを即席培養していく効果的な手段であるのだ。

そして、新人育成の組織エスノグラフィーは、学ぶから働く移行期に、職場の中で自己を変革・変身させる集中的な訓練が、研修生である個人にとっていかなる意味をもつのか、そして研修生を雇う企業にとっていかなる効果があるのかを、われわれにまざまざと突きつけてくれる。

それは、職場で求められる表面的な専門スキルを伝達するだけでの研修なのではない。研修トレーナーと研修生とが、織り成す一つ一つの相互行為のコミュニケーションが、変革させるのか、はたまた、変革に耐えれずに離職していくのか、というぎりぎりの緊張を場として要請されるものなのだ。

その意味で、私が最初に感じた緊張感とは、研修トレーナーの三島のフィードバックが属人的につくり出すものではなくて、教育機関と民間企業の隔たりを埋めるために不可欠な応急処置であり、組織構造的な引き締めからくるものなのだといえるだろう。

補論　新人研修に関する視座

補論では、企業における教育・学習の先行研究を整理する。本書に関連する先行研究は、⑴我が国における企業固有の人材育成の変遷についての研究と、⑵人材育成の理論的根拠として引用されている学習理論についての研究、にまとめることができる。さらに、⑶本書の方法として採用した組織エスノグラフィーについても概説しておく。

1. 人材育成の変遷

企業における人材育成には、大きく2つのタイプに分かれている。ＯＪＴ（On-the-Job Training）と言われる、現場で職能を磨いていくものと、ＯＦＦ－ＪＴ（Off the Job Training）と言われる現場から離れた環境で職能を身につけていくものとの2つである。

ＯＪＴでは、その職場における上司や先輩が、実際の具体的な実業務を与えて、その業務を経験する過程で、業務の遂行に必要な知識や技術、態度などを習得させる。指導を受ける側は、実業務に則した実践的な経験が積めると共に、会社側にとってはＯＪＴの成果が仕事の成果になり、人材育成のコストを幾分か業績に反映できるメリットがある。

一方で、現場に新入社員を放り出し、放り出し先の部署に育成を丸投げすることをＯＪＴと称する場合もある。ＯＪＴの要諦は意図的・計画的・継続的の３つとされているが、現場にその要諦を理解した上でＯＪＴを実施できる育成力、指導力を持った人材がいるとも限らず、適切な成果がだせるかはその現場のリソースに依拠する形になってしまう。

このＯＪＴと対極に位置するのがＯＦＦ‐ＪＴだ。ＯＪＴとは異なり、現場から離れた環境で、社内の担当部署や、外部のアウトソーシング企業が実施するプログラムを用いて、従業に必要な知識や技能を習得させる。大抵の場合は、その研修に専念できるリソースが確保されているためＯＪＴと比較して腰を据えて取り組むことができ、一度に教育をできる人数もＯＪＴと比べて多いという特徴がある。

我が国においても戦後から現在に至るまで、様々な企業内研修が実施されてきた。一時期言われていた「就職氷河期」の時代から比べれば入職の状況も改善し、人材育成の費用も産労総合研究所の調査によると２０１４年度の予算額が四、五三三万円、２０１５年度が五、六一五万円となりこちらも僅かながら上昇の兆しを見せている。企業は、時間と資金をかけて採用した人材を戦力化するべく、業務に必要な職能を身につける機会を提供する。

にもかかわらず、新入社員は会社を離れていく。大学生就職者で、３年目までに離職する者の割合は３割近くのぼる。エン・ジャパンが行ったアンケートによると入社３年以内に退職した者の退職理由で最も多いのが「聞いていた仕事内容と違う」(66％)だった。このアンケートの選択肢を選んだ回答者が何を考えていたのか知る由もないが、思い描いていたものと異なる経験をしていたのは確かだろう。Schein(1978)の言う「リアリティ・ショック」によるギャップ認識は埋め難く、これが入職というイベントについて回る「移行の困難」として、多くの新入社員のキャリア構築を阻害してきた。

企業が、その業務に必要な職能を新入社員に習得させるプロセスは、企業内教育という名で企業ごとに、業界ごとに様々な発展を遂げてきた。

戦前期の我が国における企業内教育についての研究は、尾高の「企業内教育の時代」(尾高 1993)に詳しい。戦前の日本企業は、現在浸透している所謂「日本的経営」とは全く異なり、高い雇用の流動化や、企業が人材の育成に配慮しないという特色があった。当時の企業内教育の目的は、製造業が主体ということもあり、〝技能教育というより、「居付良化」＝近代的な工場組織の秩序に従って能率を上げる「規律正しい」労働者の育成〟（尾高 1993）に主眼が置かれていた。

一方で上記のような工場労働者と異なり、経営者を金融・商業の実業家、産業資本家、専門的経営管理者の3つに類型化したうち、専門的経営管理者の教育については熱心に行なわれていたという興味深い指摘がある。当時から。「学校出はすぐに役に立たない」といわれており、ＯＪＴ重視の育成がなされていた。

その後、戦後のＧＨＱ指導の下、ＴＷＩ（Training Within Industry）、ＭＴＰ（Management Training Program）、ＪＳＴ（Jinjiin Supervisory Training）が普及し、それまでの現場の技能養成とは異なる管理者教育が生まれた。高度成長期に入ると管理監督者層の教育は一般社員層まで拡大し、その過程で大企業による自社の研修所、社内訓練校の設置、ＯＪＴのマニュアル化などが進み、今日のホワイトカラー育成の礎を築いていったとみていいだろう。

高度成長期以降、進学率の上昇と、産業構造の変化、技術の進展もあり、集団規律教育と一般教養の補填的側面もあった旧来の企業内教育は急速にその意味を喪失していく。その中で大学入試が学生の基礎学力水準の指標を提供し、それを基準とした大卒者を企業が採用し、企業内で企業知識を実践的に習得させる「Jモード」（金子 2007; 本田 2009）と呼ばれる産学の間での関係性が形成されていった。

Jモードは高度成長、安定成長時代の新卒一括採用、年功序列、終身雇用、労働組合に代表される日本的雇用慣行と結びついて広く日本社会に普及し、〝学校から職場の円滑な移動ができるなら、学校はその教育の職業的意味を考える必要性がなくなる〟（本田 2009）状況を作り出した。しかし、景気の低迷による日本的雇用慣行の前提である安定成長が瓦解したことでこの枠組みも崩壊していくことになる。

低成長時代に入り、企業も新卒一括での大量採用を維持できなくなった当時、教育は再びその職業的意味を考える必要性に迫られ、〝望ましい職業観・勤労観及び職業に関する知識や技能を身に付けさせ、自己の個性を理解し、主体的に進路を選択する能力・意欲を育てる〟「キャリア教育」（中央教育審議会答申 1999）が提唱され、それを追う形で経済産業省からも「職場や地域社会で多様な人々と仕事をしていくために必要な基礎的な力」として「社会人基礎力」が提唱されるようになった。

2. 企業内研修における学習理論

企業内研修、ひいては大きく「学習」という枠組みで行われている研究については既に様々な学問分野で多くの蓄積がある。組織社会化（尾形 2009; 小川 2005; 小川・尾形 2011; Wenberg 2012）、職場のＯＪＴ（松尾 2011, 関根 2012）、職場における業務経験と人的ネットワークを介した学習（中原 2010）の実態が実証的に解明され、人材育成に関する研究は深化している。

近年では「経験学習」という用語が人的資源開発の言説空間に広く普及している。この言説空間において、最も研究が進み、実務担当者にも浸透している経験学習であるが、その様相は〝経験学習ジャングル〟（中原　2013）と呼べるものであり、〝理論的系譜の異なる多種多様な言説が、経験学習という一語のもとに包括されており〟（Wildemeersch 1989）、異なる文脈において、企業・組織の人材育成を裏打ちする理論的根拠として引用されている。

様々な経験学習の言説において、共通点と考えられるのは、⑴学習における経験・実践の重視と、⑵経験の内省の2点である。その先鞭はプラグマティズムの思想を背景に、学習に関する議論を行ったDewey（2004）であり、「経験」を「個体が環境に積極的に働きかけること」であると定義づけた。

その働きかけにより経験は生まれ、後続する経験を導き、その集積が「経験群」を構成し、この経験群に対する反省的思考を駆使することによって、個体は認知発達を遂げるとした。

Dewey は、日常の直接経験に根ざし、インフォーマルで偶発的に生起する学習 (Marsick and Watkins 2001) に関心を払った。そしてその後に様々現れる経験学習の理論的系譜には、このプラグマティズムの思想が多かれ少なかれ根底に流れていることが指摘されている（中原 2013)。

経験学習の理論の中でも、特に有名なのが Kolb の「経験学習モデル (experiential learning model) だろう。Kolb は Dewey の学習理論を循環論として実務担当者に利用可能なよう単純化し、その理論の普及に努めた。Kolb は Dewey の経験と学習に関する理論を、「活動 - 内省」「経験 - 抽象」という二軸に構成しなおし、これらの循環型サイクルを仮定し、経験学習モデルという概念を構築した (Kolb 1984)。

経験学習モデルからよりビジネス志向が強いものとして「経験からの学習論」がある。マネージャー・リーダーの脱線論などから発展してきたこの理論は、McCall らを中心にそれまでのマネージャー教育やリーダーシップ教育を批判する形で表された。つまり、従来の現場から離れた場で行われるマネージャー教育やリーダーシップ教育を批判し、現場業務においてこそリーダーシップは発達すると主張を行ったのである。McCallらの調査の結果、マネージャーとしての発達、および、リーダーシップの開発のためには、「プロジェクトチームへの参画」、「悲惨な部門、業務の事態改善、再構築」などのリーダーシップを発揮しなければならない「経験」が、企業組織の「戦略」に同期して計画的に付与され、かつ、その「経験」を行うことを支援するメンタリングの機会、評価フレームなどが必要であることが明らかになった（McCall 1988）。

人的資源開発の中心的概念のひとつとなった経験学習は、先に触れた「経験学習モデル」や「経験からの学習」をフレームワークとして実証的な研究がなされることが多い。いずれも経験学習に作用する個人的資質に関する研究が主となっているが、近年では、経験学習の質やプロセスを問う研究もみられるようになってきた。

例えば、職場・組織などの社会的文脈をあまり考慮することなく調査を行っていた従来の研究を反省し、脱文脈的な経験の抽出を超えた定性的研究手法である「コンテクスト・アプローチ」を独自に提唱した谷口（2006）などの研究がある。谷口は、組織の戦略変化、構造変化、昇進、役割変化などそれぞれの組織内における社会的コンテクストの変化に準じて、個人に適切な業務経験が付与されることによって、経験学習が促進されることを明らかにしている。

経験学習の社会的要因に着目した研究に関しては、古くから、経験学習の理論的欠点として「社会的要因の欠如」が数多く指摘されており(Kayes 2002; Holman, Pavlica and Thorpe 1997; Ellinger 2005; Kolb 2009)、その克服が目指されてきた。

従来までの「近代的自己」としての個人を想定した、肥大化した自己概念(Beck 1992)が経験学習の研究において前提となっていたが、多くの人文社会科学の研究が示すように、人は生まれながらにして社会的存在であり、社会的援助を通して発達する(中原 2012)存在である。2000年代に入り「個人の学習の可能性を支援する〝他者〟の存在」が新たに分析単位として組み入れられた(中原 2010)。

自己に完結した経験の内省は、Hoyrup(2004)などにより「単なる内観を助長するもの」として厳しく批判されてきた。それを乗り越える契機として「他者に拓かれた内省」「他者との対話の中に埋め込まれた内省」の重要性が指摘されている(中原 金井 2009)。従来の研究では「個人が内省を行う際の他者の役割」が注目されていたが、あくまでも主体は「内省を行う個人」であった。

経験学習における社会的要因についての研究では、むしろ内省を担う単位を個人から複数人に引き上げ、集団レベル、組織レベルで実施されるべきものであることが主張されている。つまり「個人による内省（individual reflection）から「組織による内省（organizational reflection）」が注目されつつある（Vince 2002; Hoyrup 2004）。

3. 新人育成の組織エスノグラフィー

研修の実態をつかまえるには、研修を実施する職場で共有される行動様式・価値規範・文化的コードの総体からなる社会的世界を描き出す必要がある。このとき、研修に従事する人々の経験を、自らも同じ環境に入り込み、自身の身体をキャンバスに経験を上書きする手法としてフィールドワークがある。

フィールドワークは、文化人類学や、社会学の質的調査でも取り入れられ、現場の人々がどのように生活を送り、どのようにして日常的な活動をおこない、どのようなことがその人たちにとって重要な意味をもち、何故そう思うのかなどについて、内側の視点から観察する。

フィールドワークの方法論的な強みは、当事者の語りからは現れてこない、言語化されない振る舞いや、行為の帰結、一人の語りでは浮かび上がってこない現場の背景を捉えられる点にある。現場の人々の習慣化された日々の行いや、交わされる会話にはその集団の制度や秩序が埋め込まれている。それゆえに、フィールドワークの成果は、その内側の世界の特性に多くを依拠する。学びから職場への移行、または職場から職場への移行を経験し、その主体となる様々な個性を持つ新入社員を会社員という型にはめる研修という世界の特性が反映された研究となっている。

経験学習の項で触れたように現在、経験学習の理論的欠点として「社会的要因の欠如」が指摘され、その克服が目指されている。研修の実態に迫るのに、⑴研修に関わる指導員、新入社員に対してのインタビュー、⑵私自身の研修業務における労働経験の2点から得られた情報をエスノグラフィーとしてまとめ上げた。

まず、研修に関わる指導員、新入社員に対してのインタビューは、業務時間外に時間をいただき12名から協力を得ることができた。インタビューの対象は、本研修の企画、立案、立ち上げを担ったマネージャー、既に研修を終えて現場での業務に従事している社員に対して1時間ほどのインタビューを行った。

インタビュー自体は、対象者自身の語りを重視するために半構造化インタビューの形式を採用した。インタビューを実施した時点で、インタビュー対象者とラポールの形成は十分に行えていたので「入社してからこの研修で印象に残ることは何か」、「研修中に新入社員同士でどのようにコミュニケーションが発達していくのか」、「研修の取り組みは個人的なものであるか、集合的な取り組みであるか」といった当たり障りのない質問から、「研修の指導方針に違和感を覚えたことはあるか」、「この会社に入社した理由は何か」といった踏み込んだ質問を投げた。これと併せて15分ほどの聞き取り調査も上記の12名以外に実施した。

次に、私自身の研修に対しての内在的な観察は3年に及んだ。本研修では、1年を通して研修に終わりがほとんど存在しない。6～8ヶ月の研修プログラムの対象となる新入社員が、採用計画上3～4ヶ月おきに入社するため、採用活動に失敗する、経営計画上、採用コストを抑える必要があるといったことがない限り常に研修が行なわれている。

営業研修の指導担当を中心に、技術分野や顧客対応分野での指導補助、就業態度への指導や、進捗管理など網羅的に研修業務に携わり、様々な角度から研修とその行為者を観察してきた。

課題が言い渡されてから取り組み始めるまでの早さ、新入社員同士の研修に関する相談や談話、指導員とやりとりしている際の振る舞いなどインタビューの語りでは把握できない様々な機微を捉えることができた。指導員とのやりとりを見ていれば、本研修をいい結果で終えられそうか否かは大抵予想がつく。指導員と積極的にコミュニケーションが取れれば、研修が進捗し、逆に一人で黙々と研修に取り組んだり、談笑ばかりしている者は、研修の進捗が遅れ、修了要件を満たさないまま出向、または退職していく。

組織社会化や研修という業務への適応度合いは、いかに指導員と円滑なコミュニケーションが取れているかが指標となる。その社会においての適応の度合いは、文化的恣意の規定者である指導員とのやりとりに収斂される。

本書で見てきたA社の新人研修における新入社員の振る舞い、指導員の関わり方、それらを含めた相互行為の観察データは、業界を問わず、企業の新人研修の設計と運営の実践的なインプリケーションになるだろう。

文献目録

尾高煌之助（1993）『企業内教育の時代』岩波書店 一橋大学経済研究叢書.

小川憲彦（2005）「リアリティ・ショックが若年者の就業意識に及ぼす影響」、『経営行動科学』Vol.18 No.1, pp.31-44.

小川憲彦・尾形真実哉（2011）『経営行動科学ハンドブック』中央経済社.

金井壽宏／佐藤郁哉／・ギデオン・クンダ／ジョン・ヴァン‐マーネン（2010）『組織エスノグラフィー』有斐閣.

雅泰（2012）『新入社員の能力向上に資する先輩指導員のＯＪＴ行動』生産性出版.

田中研之輔（2015）『丼家の経営：24時間営業の組織エスノグラフィー』法律文化社.

田中研之輔・山﨑正枝（2016）『走らないトヨタ：ネッツ南国の組織エスノグラフィー』法律文化社.

谷口智彦（2006）『マネジャーのキャリアと学習：コンテクスト・アプローチによる仕事経験分析』白桃書房／白桃書房.

中原淳（2010）『職場学習論：職場の学び科学する』東京大学出版会.

中原淳（2013）「経験学習の理論的系譜と研究動向」、『日本労働研究雑誌』2013年10月号（No.639）.

中原淳（2012）『経営学習論：人材育成を科学する』東京大学出版.

中原淳・金井壽宏（2009）『リフレクティブ・マネジャー：一流はつねに内省する』光文社新書.

本田由紀（2009）『教育の職業的意義：若者、学校、社会をつなぐ』ちくま新書.

松尾睦（2011）『職場が生きる人が育つ「経験学習」入門』ダイヤモンド社.

ミンツバーグ、ヘンリー（1993）『マネジャーの仕事』奥村哲史他訳、白桃書房.

デューイ、ジョン（2004）『経験と教育』市村尚久訳、講談社.

Ellinger, Andrea D. (2005) 'Contextual factors influencing informal learning in a workplace setting: The case of "reinventing itself company'.

Holman, Pavlica and Thorpe (1997) *Rethinking Kolb's Theory of Experiential Learning in Management Education:The Contribution of Social Constructionism and Activity Theory.*

Kayes, D. (2002) 'Experiential Learning and Its Critics: Preserving the Role of Experience in Management Learning and Education', *Academy of Management Learning and Education,* Vol.1 No.2 , pp.137-149.

Kolb, D. A. (1984) *Experiential Learning: Experience as the Source of Learning and Development,* Prentice Hall.

Marsick and Watkins (2001) 'Informal and Incidental Learning:The Update on Adult Learning Theory".

McCall, M. W. (1988) *The lessons of experience: How Successful Executives Develop on the Job,* Free Press.

Vince, R. (2002) 'Organizing Reflection', *Management Learning,* Vol.33, No.1, pp.63-78.

Hoyrup, S. (2004) 'Reflection as a core process in organizational learning', *Journal of Workplace Learning,* Vol.16 No.8.

Wildemeersch, D. (1989) *The principal meaning of dialogue for the construction and transformation of reality*, Open University Press.

あとがき

山本和輝

新しい環境への移行は、多かれ少なかれ戸惑いと困難を伴うものだ。右も左もわからない環境で、手掛かりのないまま適応をしていかなければならない。当然、そこには上手く適応していく者とそうでない者とが現れてくる。そうした状況の中で、いかにして研修を通じて彼ら自身のキャリアの可能性が開かれていくのか、その中で研修という制度が行うべきことは何か、研修に携わる者は考えていかなければならない。

とはいえ、人材育成は生き物である。新人と向き合いながら常に会社の要求と彼らの入職してきた時に抱いていた思いや熱意を架橋させていく必要がある。私自身、指導に携わりながらも、研修業務を通じて様々な気づきや学びを得ており、それは現在に至るまで続いている。

研修の運用を行いながら、どうしたらより良い学習の機会を提供できるかを考え続けてきた。その際に生じる上手く言語化できていなかったもやもやしたものをエスノグラフィーという手法を用いて詳細に描写できたことは素晴らしい経験だった。

人材育成については、近年産業界でもＨＲの分野で盛んに議論がなされている。そういったカンファレンスでも事例紹介という形で様々な取り組みが紹介されているが、そうした事例は上手くいっている成功例の話が多く、また社外秘の情報が多く含まれるが故に、現場の取り組みや運用の内実が見えない場合が多い。本著ではそうした運用の部分、特に指導する側／される側の相互作用に特に焦点を当てて詳細に描写してきたつもりだ。

この組織エスノグラフィーがそうした企業の現場で起きている取り組みの一つの事例として、人材育成に携わる方々へ何かしらの示唆になれば幸いであるし、またこのような組織エスノグラフィーが広がり、様々な企業人事の方が取り組みを共有していくことで、少しでも日本社会における生産性の向上につながることを願う。

最後に、このような執筆の機会をいただき、また観察で得られた内在的な示唆をアカデミックな見地から体系的に指導していただいた田中研之輔教授に謝意を述べたい。氏との共同執筆によって、この調査は初めて本という一つの成果物として結実した。２００８年の大学在学時から、変わらぬ熱意で指導を続けてくれたことに感謝いたします。

田中研之輔

本書は法政大学２０１８年度出版助成をうけて刊行された。研究開発センターの方々のいつもながらの迅速な対応により執筆に専念することができた。

今回のエスノグラフィーも、ハーベスト社の小林達也社長にお願いした。小林社長とタッグを組み世に出したエスノグラフィーは、『ストリートのコード――インナーシティの作法／暴力／まっとうな生き方』(2012)、『覚醒せよ、わが身体。――トライアスリートのエスノグラフィー』(2017) に続き、本書『辞める研修　辞めない研修―新入育成の組織エスノグラフィー』(2019) で3冊目となった。

１冊目は都市エスノグラフィー、２冊目は身体エスノグラフィー、そして本著は組織エスノグラフィーである。どの著作とも格闘した。いずれの著作も、コラボレイティブ・ライティングという手法を用いている。様々な社会集団の社会的世界のダイジェスト版を集めたエスノグラフィーの編集本とは異なり、これまで手掛けてきたエスノグラフィーは、フィールドでの経験を二人の書き手でまとめあげていった。1冊目は、訳書であり、自由な記述が許されるわけではない。だが、そのなかで、それぞれの文章を互いに磨きあげていくことで、一つの著作ができあがった。

働く職場のエスノグラフィーは、まだまだ、未開の領野である。そもそも、観察者としてどのようなポジションで現場とかかわりを持つことができるのか。そこに教科書的な正解はない。それぞれのケースに即して、アプローチ方法は柔軟に適応させていけばいい。

ただし、現場に何らかの問題があり、それが当事者たちだけでは気が付かないようなイシューであれば、エスノグラフィックな視点こそが、何らかの気づきを現場にもたらしてくれる。

そうした点からも、エスノグラフィー自体、アカデミシャンと現場の人を橋渡しする内容でなければならない。現場の問題を浮かび上がらせ、エスノグラフィーにまとめ、アカデミックの内輪世界にとどめておくのであるならば、現場の問題は何ら解決しない。

だからこそ、本書は人事担当者を主な読者として想定した。本書『新人育成の組織エスノグラ

フィー』が、新人研修に携わる担当者のみならず、企業で働く一人でも多くの社会人に手に取っても
らいたい。そして、現場から忌憚のないフィードバックを頂きたい。それこそ、元来、組織エスノグ
ラフィーという社会調査法に託されていた使命だと思う。

最後に、本書の装丁は、前作『覚醒せよ、わが身体。——トライアスリートのエスノグラフィー』(ハー
ベスト社)の装丁を手かげてくださった長浜孝広さんにお願いした。

著者プロフィール

田中研之輔　（たなか　けんのすけ）
法政大学キャリアデザイン学部教授

1976年生まれ。博士（社会学）。

一橋大学大学院社会学研究科博士課程を経て、メルボルン大学、カリフォルニア大学バークレー校で客員研究員をつとめる。2008年に帰国。

専攻は社会学、ライフキャリア論、社会調査法。

著書に『先生は教えてくれない大学のトリセツ』（ちくまプリマー新書）、『先生は教えてくれない就活のトリセツ』（ちくまプリマー新書）、『ルポ　不法移民』（岩波新書）、『覚醒せよ、わが身体。』（ハーベスト社）、『丼家の経営』（法律文化社）、『都市に刻む軌跡』（新曜社）、『走らないトヨタ』（法律文化社）他多数。

訳書に『ボディ＆ソウル』（新曜社）、『ストリートのコード』（ハーベスト社）がある。

新著に『教授だから知っている大学入試のトリセツ』（ちくまプリマー新書）。

山本和輝　（やまもと　かずき）
デジタルハリウッド大学非常勤講師

1988年生まれ。修士（キャリアデザイン学）。

法政大学キャリアデザイン学部卒業後、IT企業に営業職として務める。業務の傍ら、法政大学大学院キャリアデザイン学専攻修士課程を経て、デジタルハリウッド大学で現代社会学と社会経済学を教える。

専攻はキャリアデザイン学、フィールドワーク。

論文に「パチンコホールの労働世界」『生涯学習とキャリアデザイン』。

辞める研修　辞めない研修（やめるけんしゅう　やめないけんしゅう）――
新人育成の組織エスノグラフィー

発　行 ――2019年2月27日　第1刷発行
定　価 ――定価はカバーに表示

©著　者 ― 田中研之輔
― 山本和輝
発行者 ― 小林達也
発行所 ― ハーベスト社
〒188-0013 東京都西東京市向台町 2-11-5
電話　042-467-6441
振替　00170-6-68127
http://www. harvest-sha. co. jp
印刷・製本　日本ハイコム㈱
落丁・乱丁本はお取りかえいたします。
Printed in Japan
ISBN978-4-86339-106-2 C0034